U0946595

“儒家文明省部共建协同创新中心”资助项目
山东大学儒学高等研究院重点项目
山东省“泰山学者”项目阶段性成果

诚

汉字中国

诚

曾振宇 ◆ 主编

刘乾阳 ◆ 著

華夏出版社
HUAXIA PUBLISHING HOUSE

图书在版编目（CIP）数据

诚／刘乾阳著．—北京：华夏出版社，2020.9
（汉字中国／曾振宇主编）
ISBN 978-7-5080-9791-6

Ⅰ．①诚… Ⅱ．①刘… Ⅲ．①汉字－通俗读物 ②中华文化－通俗读物 Ⅳ．① H12-49 ② K203-49

中国版本图书馆 CIP 数据核字（2019）第 124065 号

诚

作　　者 刘乾阳
责任编辑 赵　楠
美术设计 远顾设计工作室
责任印制 顾瑞清

出版发行 华夏出版社有限公司
经　　销 新华书店
印　　刷 三河市万龙印装有限公司
装　　订 三河市万龙印装有限公司
版　　次 2020 年 9 月北京第 1 版
2020 年 9 月北京第 1 次印刷
开　　本 880×1230　1/32
印　　张 8.5
插　　页 4
字　　数 212 千字
定　　价 59.00 元

华夏出版社有限公司 地址：北京市东直门外香河园北里 4 号　邮编：100028
网址：www.hxph.com.cn 电话：（010）64663331（转）
若发现本版图书有印装质量问题，请与我社营销中心联系调换。

秦　会稽刻石

汉　乙瑛碑

言頌者浪疾未之有良由
民為家長不能剋已懃脩
訓化上下多犯科誡以至
於此民唯歸誠待罪而已此非
復常言常辭想官奴

晋　王羲之官奴帖

丘陵王公與臺
百以誠接議者
以為成就常
輕行者唯和

唐　柳公权玄秘塔碑

序

《汉字中国》丛书即将付梓，主编曾振宇教授嘱我在书端写几句话。我认为"汉字中国"是个好题，丛书的出版是件好事，摆到读者面前的是一套好书，振宇教授美意岂能却之？遂谨献鄙意如下。

首先我想说，这是一套什么样的丛书。显然，它不是研究中国文字的学术丛书，而是在文字研究基础上通俗地讲述中国自有的文化哲学体系中一批重要概念的著作，是一套把汉字与它所承载的哲学概念如何紧密地融合起来这一独特的现象呈现出来的创新之作。

丛书的编著者们认为"中国本土哲学与文化形态中的概念、文字和词语是中国哲学与文化的'结晶体'"。这是一个含义很深邃、又很形象的比喻。这就意味着《汉字中国》将对中国哲学与文化的概念进行深入解读，探索其内涵和外延，从而发掘、展现中华文化与其哲学的精神、品质、性格的独特性，消解中国哲学与文化之双足只穿西方哲学之鞋履所带来的误解、困惑与尴尬。反过来看，通过对中国哲学与文化的认知和体验，又可以明了并深化对这些汉字形音义的来龙去脉、衍生变异以及遗存、渗透在现代汉语词汇中的文化基因的认识。或许这也是本套丛书冠以《汉字中国》之名的用意所在吧。

诚然,《汉字中国》所分析、论列的,大多是日常所用的字词,有些即使是“专门”词语,也已经为越来越多的人所习见;但是,由于种种历史的、社会的原因,今人也常常与这些字词的深意若即若离。而如果忽略了汉字在数千年传承、延绵、孳乳、变异过程中沉淀于后世语言形式里的传统文化意义,就会冷淡了中华文化的特性,很可能语言/概念发生“漂移”现象,不得已时只好乞灵于异质文化,从而难以形成阐述中华文化的中国话语体系。

“结晶体”这样一个形象而很有意趣的比况,更会引发读者的遐想:在这个“结晶体”里面,有着丰富多样的微观世界,中国文化的种种现象和思想都在有序地存在着、排列着。由此可以想见,《汉字中国》的筹划、酝酿、研究,用心良苦矣!我不由得又想到,《汉字中国》的影响所及,可能并不仅限于人文社会科学、哲学领域,即使在构建科学技术伦理、自然语言处理、人机对话、中外语言互译,乃至人工智能等领域,似乎也可以参考一下吧。

话说得远了些,就此搁笔。

忝谓之“序”。

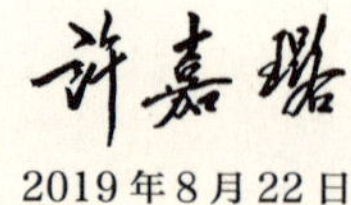

2019年8月22日

目录

第一章

“诚，信也”：“诚”观念的实质与渊源……………1

第一节　“信者，诚也，专一不移也”：
“诚”的词源学分析……………2

第二节　“诚”的实质及起源……………6

第三节　“信及豚鱼”：“诚”观念的早期论说……………13

第四节　“信不由衷，盟无益也”：
盟誓制度与“诚”观念……………19

第二章

“诚”通天人：先秦儒家的“诚”思想……………28

第一节　孔子思想中所体现的“诚”精神……………29

第二节　思孟学派对“诚”的哲理性建构……………44

第三节　“明于天人之分”：
荀子对思孟学派“诚”观念的继承与解构……71

第三章

先秦道、墨、法、兵诸家对“诚”的重视…………94

第一节　“得道真人”：道家的“诚”精神…………94

第二节　“言信行果”：墨家对“诚”的坚守…………105

第三节　法令之信：法家对“诚”的关切…………112

第四节　“兵以诈立”：兵家的“诚”思维…………117

第四章

“精诚感应”：“诚”观念在汉代的发展与演变…126

第一节　汉初“诚”观念的生动实践与理论创构…………127

第二节　“精诚感应”论调下的汉代“诚”观念…………135

第三节　“疾虚妄”：
汉代学者对“精诚感应”观念的批判…………153

第四节　在人不在天：汉代“诚”学的启示…………172

第五章

唐宋时代对“诚”的呼唤…………177

第一节　隋唐君臣的“诚”实践…………178

第二节　宋明理学视野中的“诚”观念…………188

第六章

“贾而能诚”：明清商帮之“诚”德…………210

第一节　关羽崇拜与晋商诚信…………211

第二节　“贾而好儒”“信义远孚”：
徽商的“诚”伦理…………216

第三节　忠诚守信：鲁商的经营之道…………221

第七章

中国传统“诚”思想的意义及现代转化 ………… 228

第一节　传统“诚”思想的历史意义 ………………… 229

第二节　传统“诚”思想的现代价值 ………………… 236

第三节　传统“诚”思想的继承和发扬 ……………… 244

参考文献 …………………………………………… 253

第一章

“诚，信也”：“诚”观念的实质与渊源

“诚”是中国思想里特别重要的概念，它既是先哲对于高高在上的主宰物——天的本质性规定，又是伦理道德修养的内在情感根基。先秦“诚”观念主要在“天道—人道”的框架之内展开，是天人合一思维的核心观念，是儒家特别是思孟学派哲学建构的重要一环。

不过，作为一种哲学观念的“诚”是后起的，起初“诚”与“信”之间有着不可分割的联系，二者之间甚至可以互相训释。只是到了儒家思孟学派那里，“诚”才被重视起来，并逐渐被哲学化、形上化建构起来，走向了一条独自发展的道路。虽然“诚”是在思孟学派那里得到了系统的阐发，但是它起源于思孟学派之前，并且与“信”难以进行清晰的区分。因此，我们关于“诚”的起源问题的讨论，是从现在常讲的“诚信”观念所体现的思想内容来入手的。

第一节 “信者，诚也，专一不移也”：“诚”的词源学分析

诚信是中华民族的传统美德和民族精神之一，几千年来它作为中国传统伦理道德的内涵，主要指诚实、不欺、守信、言行一致、实事求是。它涉及的内容极为广泛，从个人内心诚意的修养到与朋友、乡党交往言而有信，从统治者好信而民众信服到国家间盟誓与用兵的戒欺守信，从学以忠信为本到经商童叟无欺。可以说，诚信这个德目涉及政治、经济、社会、文化等各个方面，它规范着中华儿女的个人化和社会性的行为，力图营造一种良好的社会治理秩序，维护整个社会的良性运转。

经过研究我们发现，在古代中国的思想世界中，“诚”与“信”并非一开始就是连用的，二者各自有自己的发展历程，各有侧重。通过简单梳理诚、信两个概念，我们可以大致地了解它们的演化。根据现有的出土资料，诚、信二字在甲骨文中并没有出现，但在商周时代的金文中已经出现了“信”字，例如，㝬叔鼎中有形如的“信”字，只不过这个字是作为国名出现的；中山王鼎中出现了形如的“信”字，这个字是作为“诚信”之“信”的意义出现的，并且在鼎文里“忠”与“信”二字已经连用。另外，中山王铜质方壶上也铸有“忠信”二字。相对于“信”字来说，“诚”字出现得似乎更晚。并且，春秋以前的文献中“信”字较多见，而“诚”字相对偏少。

在后世学者对于先秦典籍的训解中，他们往往用互训的方式来解释“诚”与“信”。班固最早以“诚”释“信”，他说：“信者，诚也，专一不移也。”（《白虎通·性情》）东汉许慎在《说文解字》里认为：“信，诚也。从人从言。会意。”“诚，信也。从言成声。”这种训诂的方式虽然有利于我们理解诚、信的含义，但也容易导致对二者之间差别的忽视。

上文已经指出，“诚”应当是一个较晚出现的概念。在已经可以识别的甲骨文、金文中，并没有“诚”字出现。在《尚书·太甲下》中“诚”字已经出现，但《太甲》篇今文无，伪古文尚书有，一般认为是后人伪作。在今本《尚书》中“诚”字只出现这一次，属孤证，因此，这一条不应成为“诚”这一概念已出现在商周时期的证据。后来，在儒家和道家的一些典籍中，“诚”字出现的频率才逐渐增加。在中国传统伦理道德观念中，“信”和“诚”同样具有举足轻重的地位。在金文中，“信”是一个会意字，由“言”和“身”构成，这表明在创造此字之时，先民们赋予了它“以言立身”的隐含语义，它原指祭祀时对上天和先祖所说的诚实不欺之语。《左传·桓公六年》载隋国大夫季梁语：“忠于民而信于神。”“祝史正辞，信也。”后来，由于私有经济和私有观念的发展，旧有的朴素和谐的社会氛围被打破，国与国、人与人之间的交往不得不订立誓约。誓约和诺言的遵守，仍然要靠天地鬼神的威慑力量维持。春秋时期，经过儒家学者的提倡，“信”开始摆脱宗教色彩，成为纯粹的道德规范。概括来说，“信”的主要含义是指人在社会交往中要恪守自己的诺言，要努力做到言行一致，要诚实不欺。《国语·周语上》云:“礼所以观忠、信、仁、义也……信所以守也。”《左传·昭公二年》:“忠、信，礼之器也。”把“信”看作行礼的必备品德之一。孔子则把“信”视为“仁”的主要德目之一，“能行五者于天下，为仁矣”，“五者”是指“恭、宽、信、敏、惠”(《论语·阳货》)；孔子把“信”看作治民、用人、交友的重要原则，孟子进而把“朋友有信”纳入“五伦”规范。后来又经董仲舒、朱熹等学者的不断阐释，“信”在儒家道德规范体系中的重要地位逐步确立。

经过分析我们可以发现，“诚”与“信”是密切相关的两个概念，两者是互相贯通、互为表里的。二者追求的都是实，即真实、实在、真心实意，这也正是有些学者将二者进行互训的原因。但是，二者又存在着区别，具体来说，有这样几点。(1)“诚”主要从内心上说，侧重的是内心的修养，讲求“诚意”，“君子养心莫善于诚”(《荀子·不苟》)，“信”则侧重于与朋友交往时言而有信，“与国人交，止于信”(《大学》)。(2)“诚”是里，“信”是表;“诚”是神，“信”是形;“诚”是“信”的内在根基，“信”则是“诚”外在表现。(3)很显然，“诚”的哲学化、形上学化色彩更为丰富，并且在儒家哲学中它的位阶更高，内涵更丰富。但是，在除儒家之外的先秦诸子的思想中，我们很难对“诚”与“信”作出严格的区分，很多时候是诚必求信，信中有诚。所以，下文我们在梳理先秦诸子的“诚”思想时，只能从宽泛意义上的“诚信”观念来入手。

需要注意的是，在先秦古籍中与诚、信二字同义的语汇非常丰富，这也就意味着由诚、信两字所体现的诚信精神还有可能通过其他概念来传达。例如，我们可以看中国第一部按义类编排的综合性辞书——《尔雅》的两段论述：“允，孚，亶，展，谌，诚，亮，询，信也。”“展，谌，允，慎，亶，诚也。”限于篇幅，我们暂且以“允”和“孚”为例进行简短的说明。

先说“允”字。许慎《说文解字》云：“允，信也。”与上文所引《尔雅·释诂》“允，信也”的解释相同，《尔雅注疏》刑昺疏认为是“诚实不欺”之义。《方言》云：“徐鲁之间曰允。”由此，我们可以大体了解到，“允”字是徐鲁地区对于诚、信思想的一种指称。在甲骨文中，允字作或，罗振玉认为：“卜辞允字，象人回顾形，殆言行相顾之意与？”[1]李圃则认为“象人诚敬之形”[2]，赵诚的解释则更为具体形象：“允，甲骨文写作，象人鞠躬低头双手向后下垂，以表示恭敬、诚信的样子。用象形字来表示一种较为抽象的意思，是极为罕见的想象。卜辞用作副词，有‘果然’、‘的确’、‘真的’之义，但为本义之引申。”[3]其实无论允字是在描述何种形象，它的本义都与诚、信密切相关。

再说“孚”字。此字比“允”的含义更为丰富，甲骨文字形也比较多，例如，，，，等。在甲骨文中，“孚”的含义主要是指“俘虏”之“俘”，即《说文》训为“军所

1 / 于省吾，姚孝遂：《甲骨文字诂林》第一册，中华书局，1999年版，第39页。

2 / 同上。

3 / 于省吾，姚孝遂，第40页。

获”之“俘”字。此外，金文之“孚”字有时还借作“敷”，或作国族名。许慎《说文·爪部》对孚的解释为：“孚，卵孚也。从爪，从子。一曰信也。”“孵化”之“孵”与“诚”“信”又有什么样的关系呢？概括来说，禽鸟孵化讲求有恒有信，固有后世“孚信”之说。此外，“卵孚”意义上的“孚”字又可以引申出生长、养育之义，这就与我们下文将要讨论的诚信思想起源中的“特色思维说”有了密切的关联。真正把“孚”字与“诚”“信”联系起来的当属《周易》一书，据统计，《周易》中用以表示诚、信的“孚”字出现了近七十处之多，甚至还专门有“中孚”之卦。对此，我们将在下文进行详细说明。

第二节 “诚”的实质及起源

虽然我们意识到“诚”“信”两种观念之间的差别，但是二者所追求的都是实，即真实、信实、真心实意。因此，诚也好，信也罢，它们的实质都是真实不虚假。即便是后来“诚”单独作为一个哲学化色彩浓厚的概念而被赋予了更多的形上意义，但是其真实无妄的本质是不变的。具体来说，“诚”“信”的观念是由心意、言语和行动的相互关系所构成的系统整体。对此，结合一些学者的观点，我们可以从以下六个方面做细致的分析：[1]

1 / 详见中共湖南省委教育工作委员会，湖南省教育厅组编：《大学诚信读本》，湖南师范大学出版社，2007 年版，第 20–27 页。

其一，心意的真实性和一贯性。心意的真实性意指一个人忠于自己的意志、思想、情感或其他心理因素，不与自己的心灵作对。这也就是古人所说的不欺心。心意的真实性是诚信的诸本质属性中最内在的一种，最难发觉也最难做到。心意的一贯性意指一个人在确立某种心意（如感情、观念、决断等）之后，在条件没有明显变化的情况下，始终保持这种心意不变。简单说来，就是心有恒。必须强调，心意一致性的合法性前提是条件（特别是客观条件）没有发生重大变化。如果这一前提不存在，那么心意的不一致性并不一定是对诚信的违背。

其二，言语的真实性和一贯性。言语的真实性意指一个人或组织所说的话语真实准确地表达了所指涉的对象。这也就是通常所说的勿撒谎或说真话。从指涉对象角度来看，言语的真实性可分为关于自我及其所有物的言语真实性、关于他人及其所有物的言语真实性、关于社会事物的言语真实性、关于自然事物的言语真实性等。当然，言语的真实性不是没有限度的。例如，当一个人的谎言不仅无害于任何人而且有利于对方时，他可以暂时违背言语真实性之要求，这就是通常所说的“善意的谎言”。言语的一贯性意指一个人或组织在不同时间关于同一事物所说的话语保持不变，没有明显差异，更不至于相互矛盾或彼此冲突。简单来说，就是言有定。

其三，行动的真实性和一贯性。行动的真实性意指一个人或组织所采取的行动确切真实地反映出其自身的实际情况（如本性、品质、能力、水平、财富、地位等)。这也就是俗话所说的踏踏实实做事，老老实实做人，别耍花架子，别逞能。行动的一贯性意指一个人或组织在不同时间对同一对象所做的事情在价值倾向上是相同的。简单说来，就是行有常。

其四，言语与心意的一致性。言语与心意的一致性意指一个人或组织所说的话语真实地反映了其意志、思想或情感等心理因素。通俗地说，言语与心意的一致性就是怎么想就怎么说或说真心话。有必要指出，说真心话不同于说真话。在某些情况下，人不得不说违心的话。

其五，行动与心意的一致性。行动与心意的一致性意指一个人或组织所采取的行动真实地反映了其意志、思想或情感等心理因素。明白地说，行动与心意的一致性就是怎么想就怎么做，做真心事。不过，在某些特殊情况下，行动与心意的不一致性并不一定导致不诚的骂名。

其六，行动与言语的一致性。行动与言语的一致性意指一个人或组织把自己所说的话语和所做的事统一起来，亦即用行动实现诺言。浅显地说，行动与言语的一致性就是怎么说就怎么做或说到做到。在诚信的诸种本质性要素中，行动与言语的一致性似乎最受重视。

如果我们要对以上的分析做一个总结的话，那么诚、信可以被分为心意的诚信、言语的诚信和行动的诚信三个层次；从诚、信所指涉的对象的角度我们又可以把诚信分为对自身的诚信(诚己）、对他人的诚信（诚人）以及对社会的诚信（诚群）。由此，我们就可以对诚、信以及诚信三个概念有了一个总体上的把握，我们对于“诚”的讨论正是基于这样一个思想体系。

仅仅从字源的角度来讨论诚、信是远远不够的，因为，诚、信所体现出来的本质内容在这两个文字形成之前就已经产生了。学术界对于诚、信思想的起源已经做了很多探讨，结合已有的研究成果，我们可以概括为以下六种：

1. 原始信仰说

这种观点认为，在远古时代，由于人类生产力的发展水平、人们的活动范围以及认识能力的限制，人类对于各种自然现象的风云变幻存有一种本能的敬畏和神化，产生了普遍淳朴的原始信仰。也就是说，诚信之信首先是作为信仰之信而存在的。例如，在我国北方的阿尔泰语系中的各民族都保留着崇拜天地的原始而又古老的信仰，古代柯尔克孜人普遍相信自己是大地母亲之子，是由泥土繁衍而来，是由人地造就的。他们认为，谁如果不对故土忠诚，谁就背叛母亲，谁如果对大地没有诚敬之心，谁就死后将不被大地所容纳。[1]这种对鬼神的虔诚和敬畏精神培育了最朴素的诚信观念。

2. 集体劳动说

我们知道，在原始社会，人们主要从事采集和渔猎活动以便获得生产和生活资料。特别是狩猎活动，由于其丰富了原始人的食物种类、

1 / 参见唐善纯：《华夏探秘》，江苏人民出版社，2000年版，第75页。

扩大了他们的活动范围，因而成为一种基本的生产生活劳动，是原始人类得以生存延续的基本手段。由于狩猎活动不可能由一己之力来完成，因此团体成员间的相互协作就成为必要。这就要求每个参加狩猎的成员都能遵守事先安排的约定，做到言而有信，否则狩猎活动就不能正常顺利地开展，进而威胁到群体的生存。因此共同的劳动必然产生守约、守信的要求。这种诚信的精神产生于血缘群体之中，并且，并没有超出部落的范围，超出了部落界限也就无所谓诚信可言。这种狭窄的生存空间使得古代社会的诚信精神具有亲缘性和地域性的特征，在互相熟悉的小圈子里，背信弃义者会遭到血缘集团其他成员的谴责和唾弃。

3. 生产实践说

马克思主义的观点认为，道德意识的产生是人类社会特有的现象，应当从社会存在出发去说明社会意识，从人类社会的历史发展去说明道德的起源。道德的基本问题之一就是人与他人、个人与集体的利益关系问题，道德产生于人类社会在生产实践中调整利益冲突的必要，它是以善恶为评价标准，通过社会舆论、传统习惯和内心信念的力量来调整人们行为规范的总和。正是为了维护和调节人们相互间的利益关系，诚信的观念才会产生。诚信作为道德的一种，是一种社会意识和实践精神，它能够协调人与人、人与社会之间的利益关系，促进人格的完善。

4. 等价交换说

西方民法学以为，诚信观念主要起源于人们在商品经济和贸易活动中所迫切追求的契约精神。其实，在古代社会中，由于生产力水平的提高而产生了剩余产品，又由于劳动分工的缘故人们不能以一己之力完全满足自己对于生产和生活资料的需求，因此商品交换就成为必然。原始的商品交换的形式是物物交换，在这种交换活动中需要一般等价物作为中介。例如，我国的独龙族以猪为一般等价物，而景颇族则以水牛为交换中介。交换如何进行，起着一般等价物作用的实物（如猪、牛、羊等）怎样换算，全都是约定俗成的结果，人们交换完全按照一种约定进行。如果不遵守这种定制，交换就无法实现。原始社会这种物物交换，实际上遵循着诚实守信的规则。

5. 先天具有说

这种观点认为，人天生就具备道德意识，当然也就具备了诚信观念。例如，孟子提出了性善论，他认为人天生就有恻隐之心、羞恶之心、辞让之心和是非之心，经过后天的扩充就成为仁、义、礼、智四德。仁、义、礼、智并非由外强加给人，而是人类所固有的。基督教的摩西十诫中有不撒谎骗人的戒律，并且认为这些戒律本身是神传授的，也就是人类先天所具有的。汉代哲学家董仲舒把“信”作为“三纲五常”的一个重要内容，并把它与天道联系起来，也是诚信先天说的一种体现。

6. 特色思维说

日月轮转，季节变换，春夏秋冬，寒来暑往，树木荣枯，中国内地特有的季风气候造就的自然现象，启迪了古人。在古人看来，这一切说明天地间万事万物都遵循一种固定的规律，于是，作为一个农业民族，华夏民族就很容易产生一种循环论的思维方式。“以今人的哲学眼光来审视古人的诚信观，就会获得一个惊人的发现：诚信，不仅仅是人类立身处世的根本，而且还是宇宙间所有物质运行的自然规律。”[1]正是因为这种人与自然的相似之处，古代思想家们提出了“天人合一”似的命题，“诚”也就成为沟通天人的形而上的概念。古人奉行天人一体论，天道不变，人道亦应不变，既然天地间万事万物都依真实无妄的原则而运作，作为天地之子的人类应该也必须遵循诚信而行。这既是中国古代诚信观的本体论，又是功夫论；既是人类社会共同的法则，又是人类孜孜以求的理想境界。“换言之，诚信，既是负载人类到达理想彼岸的舟楫，也是理想彼岸自身。”[2]因此，古人论说诚信常常从自然现象来论证诚、信的合理性和正当性。

很显然，诚、信思想在原始社会时期就已经有了萌芽，即便表达这种道德精神的诚、信二字尚未出现。诚、信起源的集体劳动说、生产实践说、等价交换说归根结底是人类处于不同的交往关系中的不同体现。集体劳动关注的是以血缘关系为基础的交往关系，由此而产生了家庭成员间、血缘亲属间的诚信需求；生产实践说关注的是人类在更广泛的社会生产和实践活动中的相互关系，由此而产生了更为宽泛的诚信需求；等价交换说则侧重人在以货币关系为基础的

1 / 康志杰，胡军:《诚信——传统意义与现代价值》，中国社会科学出版社，2004年版，第172页。

2 / 同上，第173页。

交往关系，由此而产生了公平交易、等价交换的诚信原则。原始信仰说和先天思维说则从思想文化的角度去探讨诚信精神的起源，前者突出了早期诚信思想所体现出的神秘性，后者则突出了原始诚信思维作为天人合一精神之纽结的重要地位。至于诚、信思想的先天具有说，则为诚思想在哲学性上的论证提供了心性论的思路，通过梳理诚、信思想的发展历程我们就会发现，其约束性在很大程度上要借助于心性论的说明。

第三节 “信及豚鱼”：“诚”观念的早期论说

古代的圣哲贤人把诚、信作为崇高的美德加以颂扬，并将其规约为一种政治之道、交友之道与处世之道。人而有信，至诚无妄，言行一致，立身立德。诚信使人与人之间相安共处、互爱互助，也使得社会安定、和谐共荣。从古至今，凡是诚实守信者，最终都会受到世人的敬重和爱戴，而一切言行不一者，必定遭到人们的鄙夷和唾弃。虽然中国古代各家各派都很重视诚、信之道，但使诚信思想开始成为一种完整的伦理道德规范体系的，还是要数先秦的儒者们。

儒家思想作为一种影响中国数千年的学术思想体系，并非孔子凭空捏造出来的，在孔子出现之前，儒家思想的各种萌芽就已经产生。诚、信思想也是如此，我们可以从儒家早期经典中发现其蛛丝马迹，这无疑也就是儒家诚信思想的主要渊源。上文已经提到，《周易》中大量出现了“孚”字，它们大多与“元亨利贞”等吉利的字眼相连，说明诚信能够获得好的回报的思想在中国思想的起始阶段就已经确立。例如，《需卦》卦辞曰：“有孚，光亨，贞吉。”这是说有所期待之时心怀诚信就能光明亨通，占之得吉。又如，坎卦卦辞曰：“习坎，有孚维心，亨，行有尚。”这句话则是说，遭遇重重坎险，如果心中笃实诚信，就能亨通，行必有赏。再如，益卦爻辞九五：“有孚惠心，勿问元吉。”有诚信施惠之心，不必占问也能大吉大利。这里还要特别提到“中孚”这一卦，《杂卦传》说：“中孚，信也。”“中孚”就是内心诚信，此卦彖辞曰：“中孚，柔在内而刚得中。说而巽，孚乃化邦也。豚鱼吉，信及豚鱼也。利涉大川，乘木舟虚也。中孚以利贞，乃应乎天也。”这段话的大意是说，“中孚”卦象征人之心谦柔而至诚，刚健而笃实；喜悦而逊顺，有诚信才能感化民众；小猪小鱼吉祥，说明诚信之功也能施及猪和鱼这类微小之物；这有利于人们涉过大川险阻，正像乘坐木舟畅行无阻；总之，中心诚信而利于正固，正是应和了上天之德。可见，在《周易》的作者看来，诚信能够给人带来吉祥之余，又能感化他人他物，这样也就实现了人与天、人与物、人与人之间的和谐共处。

大多数学者认为，《易经》大约成书于殷末周初，《易传》为战国中后期的作品。殷商时代信奉鬼神，西周时期敬天法祖，信奉鬼神意味着宗教巫术的盛行，敬天法祖带来的则是繁复的礼乐文明。无论是宗教巫术，还是礼乐仪式，从这些行为的发动者本身而言，需要他们秉承着一颗虔诚信实的真心去对待鬼神、祖先、天地。他们希望用自己的真诚去感动崇拜的对象，更希望这种崇拜带给自己的将是一系列的好运气和好结果。此外，桀纣失信而亡的反面教训，促使了以周公为代表的周初统治者们不断地进行反思，从而使得他们认识到诚、信的重要性。

周人反思的成果之一便是《尚书》一书的出现。《尚书》是儒家学派现存最古的历史文献之一，它上起传说中的尧、舜，下迄春秋中叶，历时约一千三百多年（前2000年至前600年之间），作为上古时代历史文献汇编，是研究夏、商、周三代的第一手史料。[1]《尚书·尧典》说尧“允恭克让，光被四表，格于上下”，“允恭”就是指诚信恭敬，这条记载给上文中对甲骨文中的“允”字字形的分析提供了一种思路。《舜典》还记载，舜在继承尧做了首领之后，也去躬行诚信之美德，并且在派遣皋陶去蛮夷之地做官时一再叮嘱他要“惟明克允”，意思是说处理案情时要明察公允，实事求是，这样才能让百姓信服。《皋陶谟》则通篇可见诚信的精神：皋陶明确要求自己“允迪厥德，谟明弼谐”，即诚实地履行先王美德，做到决策英明，群臣和谐。他还提出了用“九德”来作为检验人们行为好坏的标准，其中就体现了诚信的精神。在皋陶的倡导之下，百官大臣纷纷效仿尧舜的德行，呈现出一派“庶尹允谐”的景象，社会上也因此出现了讲诚信的良好风气。对此，孔子评价说：“舜有天下，

1 / 此处所举《尚书》中体现诚信思想的例子参考了唐贤秋《道德的基石：先秦儒家诚信思想论》（中国社会科学出版社，2004年版）一书。

选于众，举皋陶，不仁者远矣。”（《论语·颜渊》）

《尚书》对于尧、舜、禹诚信之德的记述只是反映上古时代的神话传说，殷周时期的开明君主们对诚信也是自觉地躬行。《汤誓》记载商汤在讨伐夏桀时的誓文说：“尔无不信，朕不食言。”“不食言”已经成为现代汉语中常用的语汇，表示说话算数重承诺，说到底就是讲诚信。《盘庚上》说商王盘庚为了说服臣民迁都，“诞告用亶”“钦念以忱”，根据《尔雅》的训解，“亶”“忱”都是诚、信的意思。西周文王更是讲诚信的突出代表，据《逸周书》的记载，文王“厚福而广惠，忠信而志爱”（《逸周书·文传解》）。武王继承王位之后，继续发扬先王讲求诚信的美德，“永言配命，成王之孚”“永言孝思，孝思维则”（《诗经·大雅·下武》）。据《逸周书》记载，武王“以德为本，以义为术，以信为动”（《柔武解》）。他还谆谆告诫周公说：“言有三信，信以生宝……美好宝物无常，维其所贵信无不行。”（《宝典解》）由于武王忠诚守信，重视以德治国，从而使得“允王维后，明昭有周”（《诗经·周颂·时迈》）。虽然今人多以为《逸周书》主要篇章出自战国人之手，资料未必可信，但是至少在作者看来，诚信思想贯穿了整个西周时代。

我们知道，孔子以周公作为自己效仿、膜拜的对象，而周公明确指出：“予旦以多子越御事笃前人成烈，答其师，作周孚先。”（《尚书·洛诰》）就是说，我姬旦率领众位卿大夫和百官，努力于巩固先王的伟业，为了满足民众的意愿，建设周邦，当以诚信作为我周朝人民的表率。由于文武周公对诚信之德的躬行垂范，宗周社会出现了“万邦作孚”（《诗经 · 大雅 · 文王》）的风尚，因此《荀子 · 王霸》说：“汤、武者，修其道，行其义，兴天下同利，除天下同害，天下归之。故厚德音以先之，明礼义以道之，致忠信以爱之。”

如果说，商汤文武对诚信的垂范是从正面为先秦儒家诚信思想的产生提供渊源的话，那么夏桀商纣失信而亡的教训则从反面为先秦儒家诚信思想的产生提供了历史素材。夏桀暴虐无道，宠妃妹喜，建肉林酒池，荒淫无度；建琼室象廊、瑶台玉床，专供享乐；横征暴敛，杀死敢于直谏的大臣关龙逢，失信天下，人民怨声载道。诸侯叛桀附汤，商汤伐桀，战于鸣条，夏桀失败亡命南巢而死。对此，《尚书 · 立政》总结说：“桀德，惟乃弗作往任，是惟暴德，罔后。”这句话是说，夏桀废弃先王任贤使能的用人法则，行为暴虐，失信于民，招致国家灭亡。商纣是与夏桀一样的暴君，他刚愎自用，荒淫残暴，好酒淫乐，宠爱妲己，任用罪大恶极之人；对人民残酷剥削，刑罚苛重，作炮烙之刑；残杀敢于直谏的叔父比干，禁囚叔父箕子，逼走庶兄微子，众叛亲离；连续发动对东夷的战争，引起人民与各诸侯的反抗。周武王乘机联合西南各族举兵攻商，牧野之战，商军阵前倒戈，纣大败，逃奔鹿台自焚而死，商朝灭亡。周公在总结桀纣无德从而失信而亡时说，“信不行，义不立，则哲士凌君政，禁而生乱，皮氏以亡”，“不信其臣，忠良皆伏”（《逸周书 · 史记解》）。这无疑是在告诫后世的统治者们看到诚信的重要性。但是，周公的劝告并没有阻止他的后代重蹈失信而亡的覆辙，著名的例子便是《史记·周本纪》所记载的周幽王“烽火戏诸侯”的故事。幽王即位之初，镐京便发生大地震，黄、渭、泾三水干竭，岐山又崩塌，灾情相当严重。当时，人民已处在水深火热之中。幽王不但不图休养恢复，反而命令伯士攻打六济之戎，企图转移人民的视线。他即位的第三年，娶褒姒，因为其年轻貌美，很得幽王宠爱，于是就废掉申后及太子宜臼，以褒姒为后，其子伯服为太子。幽王曾与诸侯约定，有难则燃烽火为号，诸侯便来相救。褒姒平时不爱笑，幽王无故燃起烽火，击大鼓，假报军情，召诸侯来援。诸侯至，见平安无事，始知被幽王戏弄，乃愤然而归。褒姒见此，不觉嫣然一笑，幽王却由此失信于诸侯。周幽王十一年（前771年），周幽王命令申侯交出宜臼，并派兵讨伐申国，申侯联合鄫国，并求救于犬戎。犬戎联军一路杀向镐京，幽王下令点燃烽火以便征召诸侯兵马，诸侯因多次受骗，竟无一兵一卒驰援。犬戎联军攻上骊山，杀死了幽王、伯服，虏去了褒姒，把镐京洗劫一空，西周于是灭亡。周幽王为了讨褒姒欢心，置国家大事于不顾，不真诚守信，最终失信于各路诸侯，落得个国破家亡、身败名裂的下场。与此类似，在西周时期楚国的国君楚厉王的身上也发生过此种闹剧，只不过他及时采取了补救性的措施，从而使祸患不再扩大。《韩非子》记载说，楚厉王设有一个用来报警的鼓，一旦有紧急的军情，他便以击鼓为号。有一次厉王喝醉了酒，糊里糊涂地敲响了这个鼓，人民以为有了敌情，便纷纷前来勤王。厉王酒醒之后便立即派人做出解释，民众才松了口气，纷纷散去。又过了几个月，敌情真的来了，厉王赶忙击鼓，但民众有了上次的教训，便以为又是厉王搞的恶作剧，结果没有人前来救援。经历这一事件之后，厉王深知以诚信之心对待臣民的重要性，于是他重新建立了与人民的约定，又重定了报警的信号。

尧舜禹的传说时代以及夏商周三代的历史给孔子提供了丰富而又生动的原始材料，这种历史的厚重感使以孔子为代表的儒家学者意识到真诚的重要性。诚信能够成就王政德业，不诚信就会带来衰败灭亡，这就为儒家彰显诚信道德提供了重要的思想资源。

第四节 “信不由衷，盟无益也”：盟誓制度与“诚”观念

孔子所处的时代在春秋末期，那是一个社会转型的时代，周王室衰微，权力中心下移，已失去了天下共主的地位。诸侯争霸激烈，曾先后出现齐桓公、宋襄公、晋文公、秦穆公、楚庄王五个霸主。到了战国，一些强大的诸侯国为了争夺土地、人口和财富而连年战争，一些中小国家纷纷为魏、赵、韩、齐、楚、燕、秦七个大国所兼并。如果要用一个词来概括那个时代的特点的话，无疑就是“礼坏乐崩”。《论语·阳货》说：“君子三年不为礼，礼

必坏；三年不为乐，乐必崩。”在孔子的时代，三年不为礼乐的混乱秩序似乎已经是司空见惯的事情。礼坏乐崩的后果之一便是商周时期所确立起来的诚、信道德已经遭到毁坏，整个社会陷入了诚信缺失的状态。

这种诚信的缺失可以通过春秋时期的盟誓情形体现出来。什么是“盟誓”呢？先说“盟”，甲骨文中盟字作，，，，金文作，，，。古人有“歃血为盟”的做法，参加盟会的人杀一头牲畜，将血放入容器，分饮其血，或涂血于嘴唇，以示诚意。甲骨文的“盟”字便反映了这种习俗，一个器皿中装有血块，当中的血块表示血液，正是来自被杀的牲畜。金文保持了甲骨文的形体结构，也是器皿中有血块的样子，但后期金文在形体上变得更加复杂。小篆在甲骨文、金文的基础上进行了调整，将金文的形体进行了改造，上面写作“囧”，下面写作“血”，（）。小篆也有上面写作“朙”或“明”的。隶书依据小篆，上面写作“明”或“朙”，下面写作“皿”。简单来说，“盟”是古代诸侯立誓缔约之称。《礼记·曲礼下》：“涖牲曰盟。”孔颖达疏：“盟者杀牲歃血誓于神也，若约束而临牲，则用盟礼，故云临牲曰盟也。”“盟”的具体做法是[1]：先凿地为方坎（穴），用牛、羊或马为牺牲，杀牲于坎上，割牲左耳置于盘，取其血盛于敦中。宣读盟约（又称载书）以告于神，与盟者则各饮血少许，此即歃血。歃血毕，置盟约之正本于

1 / 参见郑天挺等主编：《中国历史大辞典·下卷》，上海辞书出版社，2000年版，第3034页。

牲上埋之，副本则交各与盟者持归收藏。

《说文解字》说："盟，周礼曰：'国有疑则盟。诸侯再相与会，十二岁一盟。北面诏天之司慎司命。'盟，杀牲歃血，朱盘玉敦，以立牛耳。从囧，从血。"这是说，国家之间如果有猜疑就会召开盟会，或者十二年举行一次盟会。盟会的时候面向北边，向天上的司慎、司命诸神诏告盟约，并杀牲取血，将牛耳朵放在朱红盘子和玉制的敦器（一种容器）里面。可见"盟"这个字的本义就是在神灵面前立约结盟。既然是在神灵面前起誓，那么带有"自我诅咒"性质的宣誓忠诚就不可避免。"自我诅咒"一般由如下的内容构成——"邀唤神灵，请求对誓言的执行情况进行监督；假如违背了自己的誓言，祈求神灵降下灾祸以示惩罚。所谓'灾祸'是指人类所害怕、恐惧和嫌恶的疾病、死亡、水火灾害等等。"[1]这种宗教性诅咒的目的无疑在于保证立盟者诚信践约，但一旦神灵的威力不再绝对地被信奉时，结盟立约也就徒有其表了。

再看"誓"。"誓"最初指古代出征时告诫、约束将士。《说文解字·言部》云："誓，约束也。"段注说："凡自表不食言之辞皆曰誓。"可见，"誓的本义为约束性的宣言，表示个人决心，或给他人以某种承诺"。[2]例如，《尚书·牧誓》："时甲子昧爽，王朝至于商郊牧野，乃誓。"又："称尔戈，比尔干，立尔矛，予其誓。"又《泰誓

1 / 吕静：《春秋时期盟誓研究——神灵崇拜下的社会秩序再构建》，上海古籍出版社，2007年版，第5页。

2 / 王美凤，周苏平，田旭东：《春秋史与春秋文明》，上海科学技术文献出版社，2007版，第87页。

下》:“王乃大巡六师，明誓众士。”后转为名词，指告诫、约束将士的言辞。《周礼·秋官·士师》:“以五戒先后刑罚，毋使罪丽于民。一曰誓，用之于军旅。”又引申为发誓，立誓。《左传·隐公元年》:“遂置姜氏于城颍，而誓之曰:‘不及黄泉，无相见也!’”《礼记·曲礼下》记载:“约言为誓。”与“盟”相比，“誓”的形式较为简单，不像“盟”那样需要举行大型的杀牲歃血的仪式。由于“盟”和“誓”都具有借助神灵规范约束立盟立誓者行为、要求双方或一方真诚遵守诺言的功能，后来人们将两者合而为一，统称为“盟誓”。据文献记载，盟誓制度在夏代就已经开始。《尚书·吕刑》记载，上古之时社会风气本来良好，后来蚩尤开始作乱，苗民不遵守法度，刑法暴虐，致使民风日下，人心不古。后果之一便是人们互相欺诈，“罔中于信，以覆诅盟”，就是说人们不讲诚信，对盟誓可以随便推翻。《国语·楚语上》说，在少皞之后颛顼之前的远古时代，巫术盛行，“夫人作享，家为巫史”，大家各有自己崇拜的神灵。于是，“民渎齐盟，无有威严，神狎民则，不蠲其为”，人们对在神前的盟誓缺乏诚敬之心，神也逐渐习惯人们违背盟誓的做法，不再公正无私地行使它的权力了。这些记载一方面告诉我们盟誓制度起源很早，另一面也说明了与盟誓相伴的往往就是背信弃盟的现象。

夏商时期，盟誓的主要形式是盟主会盟诸侯。《左传·哀公七年》云:“禹合诸侯于涂山，执玉帛者万国。”《国语·鲁语下》记载:“昔禹致群神于会稽之山，防风氏后至，禹杀而戮之。”《左传·昭公四年》说："夏启有钧台之享，商汤有景亳之命，周武有孟津之誓，成有岐阳之蒐，康有酆宫之朝，穆有涂山之会，齐桓有召陵之师，晋文有践土之盟。"上文所引文献中提到的"合诸侯""致群神""享""命""会""蒐""朝""师"等都是天下盟主或诸侯之长会盟诸侯时的重要的盟誓活动。"重之以婚姻，申之以盟誓"，是维系诸侯联盟的重要手段纽带。此外，上文已经提到，"誓"最初的作用是古代出征时告诫、约束将士，用以激励士气，申明正义，从而更好地"行天之罚"。《尚书》中有《甘誓》《汤誓》和《牧誓》诸篇，记录了几次大战前的誓师辞。因此，可以说"在讨伐敌对的邦国时临阵誓师，是夏、商时期盟誓的又一主要形式"。[1]

西周时期，盟誓已渗透到社会生活的方方面面。因此，诚、信的观念也必定会成为一种普遍的道德规范。大到分封诸侯，小到民事纠纷，都要进行盟誓。《吕氏春秋·诚廉》记载了武王灭商之后派太保召公与微子启立盟于共头山下。据《左传》记载，西周分封诸侯，或奖赏有功之臣时都要举行盟誓仪式，并将盟誓文书收藏于"盟府"长久保留。如襄公十一年记载："夫赏，国之典也，藏在盟府，不可费也。"又如僖公二十六年记载，西周初年，周公和姜太公因共同辅佐成王有功而被分别分封在鲁国和齐国。《周礼·司盟》还记载，当贵族或家臣之间发生"狱讼"的情形时，也要"使之盟诅"。此外，据有的学者统计，"在《周礼》收录的

1 /《春秋史与春秋文明》，第88页。

三百七十七种职官（包括职掌缺佚的十种和《考工记》的三十种职官）中，约有六十余种职官与盟誓有直接或间接的关系。其中司盟、诅祝、司约为专司盟誓的职官”。[1] 这足以说明，与盟誓相关的制度在西周已经比较完备。

春秋时期，盟誓活动达到顶峰。雒有仓根据《春秋》《左传》《国语》等文献记载进行统计，指出春秋时期的“盟誓”有盟、誓、命、诅、盟誓、盟诅、诅命、誓命、质誓、胥命等不同的称谓；按盟誓者的愿望和态度，有请盟、乞盟、抢盟、争盟、寻盟、改盟、必盟、拜盟、莅盟、与盟、卒盟、主盟、复盟之别；就盟誓的方式方法而言，则有入盟、来盟、朝盟、聘盟、会盟、私盟、私誓、伪盟、赐盟等；按盟誓的结果，则有受盟、渝盟、背盟、弃盟、逃盟、叛盟、奸盟等。[2]《春秋》及其三传中，仅“盟”字就出现了七百多处，这足以说明盟誓活动成为当时政治、经济、社会生活的重要活动。

春秋时期的盟誓活动为什么这样发达呢？一方面，这说明了在礼崩乐坏的年代里人们发现了诚信之德的重要意义，盟誓的本质就是要维护国与国、人与人之间这种诚信的状态；另一方面，这也说明春秋时期，诚信缺失极其严重，以致成为社会问题之后，人们才普遍认识到诚信的重要性。“盟誓的本质是用外在的、强制的、带有威胁性的形式来维持彼此的诚信，其产生的前提恰是彼此缺乏诚信。然而真正的诚

1 /《春秋史与春秋文明》，第 89 页。

2 / 参见雒有仓:《天人之际——先秦盟誓制度研究》，西北大学硕士学位论文，1999 年。

信是不需诅盟的，正如刘勰在《文心雕龙·祝盟》中所说：'信不由衷，盟无益也。''忠信可矣，无恃神焉。'"[1]需要注意的是，这个"由衷"便是强调相对于外在的"信"的言行来说，内在的真诚才更为重要。历史也从正反两方面进行了证明，诚实守信就能国泰民安，远离祸患，背信弃义只能招致兵乱祸害，带来不祥，失去援助，乃至会有亡国之忧。于是，人们更多地借助于盟誓这种形式去确保诚信精神不失。对此，《左传》有着清楚的说明，"盟以致信"（昭公十三年）；"斋盟，所以质信也"（成公十一年）；"世有盟誓，以相信也"（昭公十六年）；"盟，所以固信也。故心以制之，玉帛以奉之，言以结之，明神以要之"（哀公十二年）。但是，我们不要忘了这样一个前提："盟者不相信也。"（《春秋穀梁传·僖公五年》）前文已经提到，诚信的缺失是那个时代发展的必然结果，面对纷繁的利益纷争和瞬息万变的时势变迁，各个诸侯国没有固定的朋友，也没有永久的敌人，有的只是唯利是图。在现实利益的驱使下，人们只管利用盟誓的功利性达到目的，哪还管盟誓的信义。这正如徐难于先生所言："愈演愈烈的争霸战争对道德力量的冲击，又比社会生活其他方面的冲击更直接，为关系生死存亡的利益所驱使，人心更易系于利益所在，道德力量之影响随之不断弱化。"[2]因此在盟誓中逐渐出现了赌盟、弃盟、背盟、逃盟、叛盟等现象，使春秋时期盟誓中的诚信观念丧失殆尽。盟誓没有改变混

1 / 吴承学：《中国古代文体形态研究》，中山大学出版社，2000年版，第6页。

2 / 徐难于：《试论春秋时期的信观念》，《中国史研究》，1995年第4期，第41页。

乱的社会格局，因此《诗经·小雅·巧言》才说：“君子屡盟，乱是用长。”君子屡次盟誓，祸乱却因而滋长。这是因为彼此之间已经没有诚意，不守盟约，只好一而再，再而三地订立新盟约，订得越多，越成儿戏。《左传·桓公十二年》记载鲁国欲与宋、郑两国订立和平协议，与宋在“句渎之丘”举行盟誓之后，宋转身就背叛盟约。在这条记事之下，有“君子曰”云：“苟信不继，盟无益也。”盟约本来是为了遵守信义而立，如今一方立约者却无任何诚信可言，那它就只能沦为一纸空文了。秦晋两国在令狐之会以后，晋侯与秦伯隔河而誓。此时晋大夫范文子发出了如下的疑问：“是盟也何益？斋盟，所以质信也；会所，信之始也。始之不从，其可质乎？”在他看来，两国在黄河两岸立盟甚为草率，根本没有信用可言。因为盟誓需要怀着虔诚的心态，这是质信的根本，而盟誓场所的设定则是虔诚信义的表现，现在连根本都不放在眼里，此盟也就根本没有信义可言了。《左传》记载宣公元年，晋“会诸侯于扈，将为鲁讨齐，皆取赂而还”；宣公七年的黑壤之盟上“晋人止公于会。盟于黄父，公不与盟，以赂免”；哀公二年，“春，伐邾，将伐绞。邾人爱其土，故赂以漷、沂之田而受盟”。当贿赂也加入盟誓中来的时候，哪还有什么诚信呢？

原始社会对于盟誓的遵守靠的是对神灵威严的畏惧，“可是随着时代的进步，人类民智的开化，现实社会中人对神的崇拜意识渐渐开始减弱。一旦有人意识到即便违背了神灵面前的誓言，也未必就会得到神罚的时候，由神灵信仰约束人类行为的盟誓功能已经起不到根本性的作用”。[1]那靠什么去维持最起码的秩序呢？其实思来想去，以孔子为代表的思想家们除了奔走呼号地宣扬诚信之德的重要性之外，似乎确实也找不到更好的办法。因为，仅仅依靠神明的制裁力已经不可能，那就只能从人的内部来寻找保证信义的机制，试图获得人类自身对信义的承诺。这也许就是后世儒家要把“诚”字单独选择出来，进行内在心性化的建构，在天道权威的指引之下试图重建政治、社会秩序的历史文化背景了。

1 / 吕静，第 36 页。

第二章

“诚”通天人：先秦儒家的“诚”思想

虽然先秦诸子都比较看重“诚”观念所体现出来的真诚无伪、表里如一、言信行果的精神，但从对于“诚”的哲理建构层面来看，儒家无疑是完成了主要的工作。孔子的思想中蕴含着丰富的“诚”精神，他对于仁、义、忠、信等价值观念的阐发无不体现着儒家追求真实、弃绝华伪的思想倾向。到了以子思、孟子为代表的思孟学派那里，“诚”上升为一种哲学性非常强的概念，变成一种说明儒家“天人合一”思想的关键性概念，而不再仅仅是与忠、信紧密关联的内在规范。但是这种哲学化的“诚”思想遭到了战国晚期的儒学大师荀子的批评，他从重建天人之间的关系入手，对思孟学派的“诚”理论进行了解构。可以说，儒家各个派别对于“诚”的阐发形塑了中国哲学的主要面貌，对中国文化的影响深远。

第一节　孔子思想中所体现的“诚”精神

孔子（前551—前479年），名丘，字仲尼。鲁国昌平乡陬邑（今山东曲阜）人，祖先是宋国贵族。孔子曾经参加了一些政治活动，但因其主张不得重用，所以选择周游列国，继续宣传自己的思想。据称，他曾向老聃问学，门下聚集了一大批弟子，史载门人三千，通六艺者多达七十二人。孔子与弟子的日常教学与问答谈话，由弟子整理为《论语》一书，是研究孔子思想的主要材料。孔子思想的核心是以“仁”、“礼”为基础的伦理道德观念，他重视道德教育和道德修养，希望人们通过自己真诚而又不懈的努力成为一个道德完善的君子。

遍检《论语》，我们发现，“诚”字只出现了两次，并且没有被提升为一种德性。一处是表示强调、肯定的副词，另一处是一个形容词。虽然“诚”在《论语》中尚未成为一个德目，但是，“诚”的精神已经蕴含在“忠”“信”“义”等诸多范畴之中。《论语》中的“信”字共出现三十八次，除了两次作为表强调的副词之外，剩下的都与诚信、信任有关。在孔子看来，“信”不仅是普通人之间的交友之道，也是仕进和治国之道；关于“忠”，古人常把它解释为“尽中心也”“内尽于心也”“尽己之心”，就是把自己内心的想法和感触真实地表达出来，不要遮掩，不要伪装，而这也是“诚”所蕴含的基本含义。至于《尚书》《孝经》《左传》等古籍中所强调的臣子对于君主的忠诚则更像是由此而引申的意义。

孔子推崇“忠”是希望人们在与他人相处时能够做到真心实意，替人办事竭尽全力，简单说就是待人处事诚心实意。在《易传》中“忠信”一词已经出现，《论语》中的“忠信”也已出现六处，可见它已经成为当时儒者所信奉的道德准则。单就《论语》一书所体现的孔子的思想而言，“忠”与“信”虽与“诚”密切关联，但还是主要从伦理规范层面而论，所重视的还是形而下的道德修养功夫。

通过分析《论语》和其他有关孔子言行的记述，我们可以发现，孔子言行中所体现的“诚”精神表现在以下四个方面。

一、“忠信”乃立人之本

在孔子看来，真诚忠厚是一种优秀的道德品质，也是一个人立身处世的基本原则。孔子说:“人而无信，不知其可也。大车无輗，小车无軏，其何以行之哉？”(《为政》) 輗是大车车辕前面横木上两端的木销子，軏是小车车辕前面横木上两端的木销子。没有輗和軏，人们就不能驾牲口，车子也就不能行走。一个人不讲信用，出尔反尔，虚伪欺诈，缺少了诚信精神的支撑，好像马车上没有驾驭牲畜的关键，也是行不通的。孔子认为，有了诚信，与人或物打交道都会无所不通，更何况人与人之间的交流呢? 孔子告诫学生，要行事通达，首先要做到忠信笃敬。当子张问他如何提高道德修养和辨别是非的能力时，他说要将忠信作为培养德性的关键，以正义为原则，不要去结交那些虚伪不实的人，人如果犯了错误也不要试图去遮掩，而应正视自己的过失，实实在在地去改正。可见，孔子强调以忠信为主，把它作为道德学问的基础。

我们知道，“仁”是孔子的最高道德理想，在他看来，“信”与“仁”之间有着密切的关系，子张曾经问孔子如何才能达到“仁”的境界，孔子说只要能将“恭、宽、信、敏、惠”施行于天下，就可以算作“仁”了。可见，“信”是达到“仁”的不可缺少的一步。孔子还说：“克己复礼为仁。一日克己复礼，天下归仁焉。为仁由己，而由人乎哉？”（《颜渊》）所谓“克己复礼”，是指要约束自己的行为，使之符合礼的规范，而作为人们行为准则的礼，又是以忠信为根本的。一个人要学习礼，必须首先具备忠信这种品德，因为孔子认为只有忠信之人才能真正去学习礼，才能真正学好礼。所以，孔子对弟子的教育内容主要就是“文，行，忠，信”。他的教育实践以培养德行、陶冶情操为重点，把品德修养置于文字书籍的学习之上。他告诫弟子：“入则孝，出则悌，谨而信，泛爱众，而亲仁。行有余力，则以学文。”子夏也说：“贤贤易色；事父母，能竭其力；事君，能致其身；与朋友交，言而有信。虽曰未学，吾必谓之学矣。”曾参则说：“吾日三省吾身——为人谋而不忠乎？与朋友交而不信乎？传不习乎？”（《学而》）孔子说子路因其忠信而特别擅长处理各种纠纷，这也是称赞他的为人诚实直率。可见，“信”是孔门修己安人的重要内容。

曾参不仅是诚信思想的倡导者，还是诚信道德的践行者。这就不得不提到“曾子杀彘”的故事。《韩非子·外储说左上》记载说，一日曾参的妻子要去集市，其子追随哭闹，想跟着母亲一起去。母亲哄他说：“你听话快回家，等我回来的时候就杀猪给你吃。”曾参的妻之从集市返家后，正遇曾子将要杀猪，她急忙阻止说：“我许诺杀猪只是哄哄孩子罢了，你怎么可以当真呢？”曾参正色道：“不能与孩子开这样的玩笑。孩子现在什么也不懂，都是在受父母的言传身教的影响。今天你欺骗他，实际上是教他欺骗别人。母亲欺骗孩子，孩子就不相信她的母亲，是不能这样教育孩子的。”说完就杀猪而烹之。这则故事意在劝诫父母教养子女要以身作则，言行一致，决不食言。可见，“诚”并非多么难以达到的境界，它就体现在日常的小事之中。

《大学》是儒家经典之一，据传是曾参的作品。《大学》中提出的“诚意”是儒家修身的重要环节，是匡正人心的前提和基础，也直接关乎修身、齐家、治国和平天下的实现。前面提到，“忠”是尽心，与“诚”相通，《大学》“诚意”之“意”是什么意思呢？在中国的思想观念系统里，“意”是指心之所发，简而言之也就是内心的所思、所想、所感。那什么又是“诚意”呢？从字面上来理解，“诚意”就是要使人自己的思想、情感真实无妄，不加掩饰。《大学》里说：“所谓诚其意者，毋自欺也。如恶恶臭，如好好色，此之谓自谦。故君子必慎其独也。”这段话是说“诚其意”就是不要自欺欺人，而应该“像厌恶臭气那样厌恶欺诳邪恶，就像喜爱美色那样喜爱善良，这样才能说自己意念诚实，心安理得”[1]。也就是说，喜恶之意念都发自本心，心地纯正坦诚，信念坚定而表里如一。能否“诚意”，自己最知。君子要想修养品德，使自己的意念、想法达到“诚”的境界，就必须做到慎独。儒家所谓的慎独，其实是一个比较复杂的观念，在不同的语境之下有不同的理解，如果要做一种抽象解释的话，我们认为它实际上就可以等同于“诚意”，也就是真实无伪，真诚不欺，言行内外一致，在一切场合中都能自觉地践履道德准则。个人独居之时，思想行为皆不被人所见，情欲萌发不受节制，于隐微之处显露出来，更甚于在众人之前，若在此种独知独处的环境中也能恪守道德准则，那么修身便是一件很容易的事情了。

古时候忠诚信实的仁人志士不在少数，春秋战国时期的豫让就是其中之一。豫让是春秋战国时期的晋国人，他先追随范氏和中行氏，后来又追随智伯，深得智伯的信任和尊敬。智伯攻伐赵襄子，赵襄子联合韩、魏二家，打败了智伯，并瓜分了他的封地。赵襄子还是不解气，于是又将智伯的头颅割下来做成酒器。豫让对主人的悲惨遭遇痛心不已，发誓要为主人报仇，刺杀赵襄子。他改姓换名，混入罪犯之中，找机会在赵襄子的宫中干苦力，以便接近赵襄子。不过后来因形迹败露而被逮捕，他承认要为智伯报仇而行刺。赵襄子也觉得他忠诚可嘉，竟然将他释放。过了不久，豫让以漆涂身使自己的皮肤肿烂，剃掉胡子眉毛，又吞吃炭块使嗓子变哑，试图让别人认不出他来。不过还是被他

1 / 李修生，朱安群主编:《四书五经辞典》，中国文联出版公司，1998 版，第 107 页。

的好朋友认出来了，见他变得这个样子，朋友不免伤心落泪，于是就劝他说可以佯装投奔赵襄子，然后再伺机下手，这不失为一种更为简易的办法。豫让并不认同这种方式，认为这有悖于君臣大义，是不诚实的做法。又过了不久，豫让听说赵襄子将要外出，于是就提前在他必经的一座桥下埋伏起来。当赵襄子来到桥上的时候，所乘之马突然惊跳起来，赵襄子一下子就想到了可能又是豫让前来行刺，赶紧令随从四周搜索。果不其然，一会儿就抓住了豫让。这次赵襄子甚为恼怒，指责他说："你当年不是曾侍奉过范氏和中行氏吗？智伯把他们消灭了，你不为这两个主人报仇，反而委身为智伯家臣。智伯已经死了，你为何如此急切地为他报仇呢？"豫让说："当年我是追随过范氏与中行氏，但他们只是把我当成一个普通的门客，对我并无知遇之恩，我为何要为他们竭尽忠诚？至于智伯，他以'国士'之礼待我，对我有知遇之恩，我当然要真诚地报答他。"用豫让自己的话说，这就叫作"士为知己者死，女为悦己者容"（《战国策·赵策一》）。豫让的一席话让赵襄子深为感动，但为了除掉后患，赵襄子还是下令兵士将豫让围住。豫让自知生还无望，也无法完成刺杀赵襄子的誓愿了，于是退而求其次，请求赵襄子将衣服扔给他，让他象征性地砍上几剑，以了却为智伯报仇之愿。最终，赵襄子满足了他的要求，豫让遂伏剑自杀。豫让的事迹传到赵国，赵国的仁人志士无不为他的真诚精神所感动。豫让的言行就是孔子所谓"忠信"的体现之一，这种忠诚信实的风范一直为儒家所提倡。

二、“敏于事而慎于言”

我们常常说待人处事要言而有信，这出自《论语·学而》“与朋友交，言而有信”。正是因为孔子对于忠信所体现出来的诚心实意的强调，所以他特别反感“巧言令色”之人，他认为：“巧言令色，鲜矣仁！”在孔子看来，有着花言巧语和伪善面貌的人，仁德是不会多的。他认为，仁者必须忠信正直，言行一致，表里如一，故把巧言令色作为违背仁德的表现。与此形成鲜明对比的是，孔子对于那些为人处世充满诚信精神的人则非常赞许，即便他们的举止看起来有些木讷：“子曰：‘刚、毅、木、讷近仁。’”（《子路》）刚毅木讷，意为刚强、果敢、质朴、语言不轻易出口，孔子认为这些品格接近仁的状态，用以褒扬不怕困难、朴实正派、少说多做的人。木讷之人并非单纯的的迟钝少语，而是非常看重言行一致，所以才谨慎发声，也就是“君子欲讷于言而敏于行”，就是“言忠信”。子张曾经向孔子请教立身处世的方法，孔子回答他说：“言信忠，行笃教，虽蛮貊之邦，行矣。言不信忠，行不笃教，虽州里，行乎哉？立则见其参于前也，在舆则见其倚于衡也，夫然后行。”（《卫灵公》）可见，言语木讷在孔子看来是为人真诚的一种表现。孔子如此反感巧言之人，就是害怕言不能行。一旦说出口，却又做不到，这就无疑是虚妄、欺骗、不诚。正因为如此，孔子再三告诫弟子们：“古者言之不出，耻躬之不逮也。”（《里仁》）“先行其言而后从之。”（《为政》）天地不言，却无时无刻不生养万物，这难道不是一种诚信的表现吗？有德行的人，与人交谈时掌握适当的分寸，以诚信的原则来表达自己的思想，所以孔子说人的表达能够说清楚意思就可以了，不必追求言语的华丽。那些说话比较少的人，看起来似乎迟钝些，事实上言语谨慎的人，在孔子看来才真正具有君子的特质。《诗经》里有句话说："白圭之玷，尚可磨也；斯言之玷，不可为也！"意思是说，白玉上的斑点还可以磨掉，人说错的话，却是收不回来了。这是在告诫人们要出言谨慎，不可言过其实。孔子的学生闵子骞寡言少语、言必有中，恰恰符合了孔子对君子的要求，所以得到了孔子很高的评价。

三、"自古皆有死，民无信不立"

经过分析我们可以发现，"诚"、"信"伦理起先在很大程度上是用来规范、约束统治者的意志和行为的。孔子认为，诚信在参政、治国上有着不容忽视的作用。人要是想参政，首先要得到统治者的信任，而身为人臣，最重要的品质也是忠信二字。孔子说君子参政要坚持正义，信守礼乐，讲求诚信，不能见利忘义，愚弄百姓。国家只有托付在这样的人身上，才会有政通人和的希望，才会长治久安，才会再度兴盛。

作为执政者，则更要讲究诚信。《左传·襄公三十一年》记载了"子产不毁乡校"的故事。春秋时期，郑国建有"乡校"，人们可以在其中游玩聚会，讨论国家政事。有一个叫然明的人对子产说：“毁了乡校怎么样？”他的意思是说，与其让百姓对政事议论纷纷、干扰行政，不如直接封闭这样一个议论的场所。但子产对这种论调不以为然，他说：“人们或早或晚来到乡校游玩，顺便议论政事的好坏得失，岂不是很好？他们认为好的，我就推行它；他们批评、反对的，我就努力去改正它。可以说，他们实际上就是我的老师，我又何必讳疾忌医，不从善如流？我听说只有真诚为善的人才能减少人们的怨恨与不满，从没有听说有人可以依靠威权来防止怨恨的。这就像治理江河一样，如果一味采取构筑大坝来堵塞的方式，一旦决堤，损失就会非常大；倒不如疏浚河道，使河水流得更加顺畅，反而不会产生大的决堤隐患。人民的不满也是如此，如果一味靠欺瞒的方式进行压抑，郁积日久，一旦爆发，就无疑会危及政权的安全，倒不如真诚地对待民众所发出的质疑和批评，有则改之，无则加勉，只有这样才能取得人们的理解与信任。”然明听了子产的叙说之后，深为敬佩并自感羞愧。孔子听到了这些话，也发出如此的感叹：“人谓子产不仁，吾不信也。”可见，待人处事能够做到以“诚”为标准是孔子所谓“仁”的题中应有之义。

儒家一向把修身作为齐家、治国、平天下的要旨，孔子说：“道千乘之国，敬事而信，节用而爱人，使民以时。”（《学而》）即使治理一个仅一千辆兵车的小国，也要对百姓诚实不欺，只有这样才能得到老百姓的忠诚，才可以谈到平治天下。“上好信，则民莫敢不用情”。（《子路》）只要在上位者崇尚诚信，百姓就会上行下效，没有人敢不真诚相待。“故君民者，子以爱之，则民亲之；信以结之，则民不倍；恭以莅之，则民有孙心”。(《缁衣》)百姓以真诚相待，也就不会背叛他们的君主了。在孔门师生看来，君子必须得到老百姓的信任后才去动员他们，否则百姓会以为你在折磨他们；必须得到君上的信任后才去进谏，否则君上会认为你在毁谤他。也就是说，君与民之间需要的是一种互信，双方以诚信的精神相互对待，只有这样才能使上下之间形成良好的互动，进而实现国泰民安。

孔子认为，人民的信任是立国之本，人民一旦对国家失去信心，这个国家也就无所作为了。对此，《颜渊》中记载了“去食存信”的典故。孔子认为，为政必须具备三个方面，才能治理好国家，这三个方面就是仓廪实、武备修、取信于民。若三者不能得兼而可任取其中两个，那么可以取食、取信而去兵；若三者不得已只能保留一方面，则必须存信。这是因为，如果民众得不到食物的话将必死无疑，但是，如果没有信义，整个社会就会混乱得犹如一盘散沙，即便粮食充足也会因为争斗而变得穷困，最终君主与臣民就会同归于尽。而如果能够建立互信机制，整个社会就会保持一种和谐稳固的状态，此时民众可能一时无法丰衣足食，但终究可以在君民的协同努力之下赢得生存。可见，兵可去，食可去，唯独信不能去，因此孔子的选择是“去食存信”。《国语·晋语六》中也记载着一则类似的故事，说是有一年晋国发生了饥荒，晋文公向箕郑询问应该采用什么方法来救治饥荒，箕郑说要守信用。晋文公还不明白，便问诚信何以能救荒。（箕郑）对曰：“信于君心，信于名，信于令，信于事。”公曰：“然则若何？”对曰：“信于君心，则美恶不逾。信于名，则上下不干。信于令，则时无废功。信于事，则民从事有业。于是乎民知君心，贫而不惧，藏出如入，何匮之有？”

有一回，子贡驾车载着孔子路过蒲邑，此时，孔子的另一位学生子路正好担任蒲邑的大夫。车子刚入蒲境，孔子便称赞说：“子路做得真不错，做到了恭敬谨慎而又有信用了。”车子缓缓驶入城中，城内人来人往，熙熙攘攘，房舍俨然，孔子又称赞说：“子路做得真好，做到了忠信而宽厚了。”车子继续向前走，很快到了子路的官署。孔子下了车，踏上官署的台阶，又称赞说：“子路做得真好啊，做到了明察而又有决断了。”旁边的子贡大惑不解，于是问道：“先生您还没有亲眼见到子路的政策与成效，却已经再三称赞他做得好。他做得好的地方，弟子能听您讲解一下吗？”孔子看到子贡疑惑不解的样子，便微笑着说：“一进入蒲境，我就看到田地都整治得很好，杂草都铲除了，田间的水道也加深了，百姓都在田间劳作，这就可以看出是子路恭敬谨慎又取得了人民的信任，所以百姓竭尽其力劳作。走进城内，看到垣墙和屋宇都完好坚固，树木长得很茂盛，这说明他的政令忠信而宽厚，所以百姓才不会苟且马虎。而走进他的官署，那里清静闲暇，我看到下面办事的人都乐意效命，这是因为他明察一切，而又非常果断，所以他的政令没有扰民啊。从这些方面来看，即使我连续三次称赞他做得好，又怎能将他的政绩说尽呢？”这则故事从另一个侧面反映了孔子对于诚信为政的重视。

对于子路诚信的品格，孔子曾评价说：“‘片言可以折狱者，其由也与？’子路无宿诺。”（《颜渊》）什么叫“片言”可以“折狱”呢？有人说，断狱必须两方质证，但因为子路的话笃实无欺，所以听他的一面之词便可断狱。也有人说，子路为人忠信，人们都十分信服他，所以纠纷双方在他面前都不会讲假话，所以凭一面之词就可以明辨是非。但无论哪种解释，都可以说明子路以诚信立身、理政的品德。子路“无宿诺”，意谓子路答应今天兑现的事情，决不拖延到明天。因此，孔子对子路忠诚守信的品性深有了解，他说：“道不行，乘桴浮于海。从我者，其由与？”（《公冶长》）他坚信即便自己穷途末路之时，子路也会忠心耿耿地追随自己。事实也证明，孔子被迫离开鲁国周游列国时，陪伴孔子在外颠沛流离了十几年的只有子路。自孔子有了子路这样一个弟子和朋友后，就不再遭受别人的侮辱了。总之，子路讲信义、守言诺、忠于老师的高尚品行，如日月在天、江河行地。

四、诚信与正义

孔子认为，忠信的品质必须依靠勤奋好学来完善，否则就会有害于事。为什么会有害于事呢？在他看来，忠诚信实虽然是做人的基本准则，但这并不意味着人们需要无时无刻讲诚信。《子路》记载子贡问孔子：“怎样的人可以算是一个士？”孔子说：“用知耻之心约束自己的行为，出使四方，能很好地完成君主的使命，这样的人就可以称为士了。”子贡又问：“请问次一等的士。”孔子说：“宗族称赞他孝顺父母，家乡人称赞他尊敬兄长。”子贡又问：“请问再次一等的士。”孔子回答说：“言必信，行必果，只是不知变通、僵化固执的一般人啊！不过也可以算是再次一等的士了。”可见，在孔子眼里，“言必信，行必果”的看似极为真诚的人，只是“士”当中最低一等的。

孔子不赞成毫无原则地遵守信用，他认为君子应“贞而不谅”。(《卫灵公》) 这里，“贞”指固守正道，“谅”指不分是非、没有原则地固守信用。《宪问》记载了子路、子贡分别与孔子关于管仲的一段对话。管仲原来是辅佐齐公子纠的，齐襄公时，齐公子小白、公子纠兄弟二人为避其兄齐襄公而逃离齐国，公子小白由鲍叔牙侍奉至莒，公子纠由管仲、召忽侍奉至鲁。襄公被杀后，公子纠与公子小白争夺君位，小白先入得立，是为齐桓公。桓公兴兵伐鲁，逼迫鲁国杀了公子纠。召忽也自杀殉主，管仲却在鲍叔牙举荐下做了桓公的宰相，故子路认为管仲并不能算作一个仁义之人。孔子则认为，正是由于管仲的辅佐，才使桓公多次会盟诸侯，停止了战争，避免了百姓的灾难，这就是管仲的仁德所在。另外，子贡亦曾以同样问题请教孔子。孔子同样强调管仲在历史上的重大作用，孔子曰：“管仲相桓公，霸诸侯，一匡天下，民到于今受其赐。微管仲，吾其被发左衽矣。岂若匹夫匹妇之为谅也，自经于沟渎而莫之知也？”(《论语·宪问》) 所谓“贞而不谅”，大概是指这种情况。孔子认为“仁”的最高境界是“博施于民而能济众”(《庸也》),其不论管仲之瑕疵而以仁许之,正是从强调博施济众的立场出发的。

对此,孔子的弟子有若似乎总结出了老师在诚信问题上的原则,《学而》记载说:“有子曰:信近于义,言可复也。”意思是诚信之类的美德必须首先合乎道义,在道义的标准之下说的话才可以去兑现。这句话虽然是有若说的,但也体现了孔子的思想。《里仁》还记载了孔子的一句话:“君子之于天下也,无适也,无莫也,义之与比。”君子对于社会上的事情,没有固定的程序可循,一切以义为最高原则。可见,孔子对待言行的态度是要以义为标准。“义”是什么呢?在孔子的思想体系中,义“表示一种合理性,或者合理的事物、合理的行为、合理的状态。……‘义’是表示合理性的概念,或者说人们社会行为的最高依据。所谓‘义者宜也’,就是这个意思。”[1]至于怎样才是合理的,孔子没有明确地谈到,不过从他的整个思想体系的逻辑关系来看,符合礼的事情和行为都是合理的。孔子在不同场合多次指出,一个人要提高自己的道德水平,增强明辨是非的能力,很重要的一条就是要明确什么东西是合理的,是“义”的,并努力使自身的行为以“义”为转移。他说:“德之不修,学之不讲,闻义不能徙,不善不能改,是吾忧也。”(《述而》)所谓“徙义”就是一切以义为中心,唯义是从。因此,人们看见或遇到了合理的事情——“义”,就应

1 / 孔范今等主编:《孔子文化大典》,中国书店,1994年版,第348页。

勇敢地去做，这就叫见义勇为；而对于不合理、不义的事情、东西绝不能去做，不义之财绝不能要。孔子说"不义而富且贵，于我如浮云"(《述而》)，表明了他对"义"的坚定立场和态度。孔子认为君子与小人的区别就在于"君子喻于义，小人喻于利"(《里仁》)。从此，义利之辨便成为中国思想史上一个非常重要的论题。

孔子认为，君子对于天下的事情，不应有什么成见，而必须以义作为行为规范和行事准则。孔子特别对那些貌似忠厚，实则不讲任何道德原则，只是随波逐流、八面玲珑的好好先生提出了严厉的批评："子曰：乡愿，德之贼也。"(《阳货》)"乡"，意谓鄙俗；"愿"，指谨慎的样子。"乡愿"指小心谨慎，善于迎合他人，言行不一，不讲原则，没有骨气，只知媚俗趋时而无真正是非标准的好好先生。其实，乡愿之所以会有这种表现，无非是在利益面前迷失了方向，没有原则，也就谈不上什么真诚的精神了。既然乡愿之人做不得，那么该如何做呢？孔子认为人们应该见利思义，在他看来，德才兼备的完人应该在利益面前能以大义为重，临危不惧，舍生取义，不忘践诺守信。

五、小结

孔子的诚信思想除了以上的总结之外，我们还不能忽略他作为一个圣人所体现出来的诚信风范。面对各种困厄，他不怨天尤人，而是坚守自己的志向，以仁义为己任，任重而道远；与自己的学生相处，他总是以一个循循善诱者的姿态表达对学生的关爱，对于教与学的实践，他不厌其烦，师生间的对话总是显得那样的真诚活泼；他有着真性情，仁山乐水，爱好艺术，敢爱敢恨，而又和蔼悠然。从他身上我们可以看到，“道德修养的最高境界，是情感的丰富而不是情感的枯竭；是情感的充盈流动而不是情感的枯萎凝滞；是情感的敏锐而不是情感的麻木；是情感的自然天成而不是情感的人为矫情”[1]。一句话，他的真诚令人动容。司马迁说他像一条“丧家之犬”，其实这是极为深刻的文化隐喻，其中有志向的坚守，有故国之思，有真情的流露，更有对人类理想家园的忠诚守望。

以上我们对孔子思想中所体现的“诚”精神做了大致的梳理。可见，孔子的“诚”思想涉及从个人修养到社会生活的各个方面。孔子将之前“诚”思想的潜流开掘出来并使之显性化，从此，儒家的诚信思想基本就在这样一个体系之中发展演化。可以说，孔子的诚信思想“不仅是我国儒家诚信思想的源头，也是我国伦理哲学的重要内容，它的精神已经嬗变成中华文明的内核之一，永远奔流在中华民族的精神血液之中”。[2]

第二节 思孟学派对“诚”的哲理性建构

“诚”是儒家思想体系中的重要观念，它既是先哲对于形上之天道的本质性的规定，又是伦

1 / 鲍鹏山:《孔子传》，中国青年出版社，2012年版，第247页。

2 / 王公山:《先秦儒家诚信思想研究》，上海古籍出版社，2006年版，第85页。

理道德修养的内在情感根基。先秦"诚"论主要在"天道——人道"的框架之内展开，是天人合一思维的关键性概念，是儒家特别是子思、孟子一系哲学建构极为重要的一环。笔者认为，"诚"是思孟学派最根本的精神。那么"诚"观念又是如何在思孟学派中展开与发展的呢？

根据《论语》可知，孔子的思想博大精深，涉及从内圣到外王的各个层面。孔门弟子由于各自性格、学养和遭际的不同，他们对于孔子思想的理解难免各执一端。孔子之后，原始儒家内部出现了众多的分支，对此《韩非子·显学》有"儒分为八"之说。不过，大多数学者认为，"儒分为八"并不能反映孔子之后儒学发展的全部真相，这只是韩非的一己之见，并没有严格的学术界定。《荀子·非十二子》的观点与《显学》大不相同，韩非所列的颜氏之儒、漆雕氏之儒、仲良之儒和乐正氏之儒在《非十二子》并没有出现。并且，荀子极力称颂子弓之儒，对于子思、孟轲之儒，子张之儒，子夏之儒和子游之儒则大加挞伐。其中，对于子思、孟子一系儒家的批判言辞最为丰富而激烈，他认为思、孟一派使儒学走向了歧途。先不论思孟之"罪"的具体内容，我们从荀子的批判中就可以发现先秦儒家内部基于"取舍相反不同"所造成的观点上的差异，以及由此所引发的各自标榜儒家真学正统的学派内部争论。从孔子之后儒学发展的趋势来看，子思、孟子一系儒者对于孔子所罕言的"天道性命"的阐发也就是对儒家道德形上学的建构无疑在当时占据了主流。《韩非子·显学》所分的儒家八派之相关文献多已亡佚，《荀子·非十二子》所论子弓、子张、子夏、子游等儒家派别的思想也只能从其他文献中寻找蛛丝马迹。在先秦儒家中，只有子思、孟子一系的著作保存较为丰富，并且随着简帛文献的出土，其思想材料还有不断扩充的趋势。这一方面反映了思孟一系学者巨大的创造力，另一方面也部分说明了思孟之学在儒学建构中的重要地位。

孔子及七十子所面临的最大社会背景就是“礼崩乐坏”所带来的人伦的失序，虚伪的丛生，是非的淆乱，正所谓“天下之无道也久矣”(《八佾》)。孔子已经开始着手解决这个问题，他的奔走呼号虽然犹如木铎之音，但没有起到强烈的警众之效。孔子之后，社会失序的状况并没有得到缓解，反而因为战乱频仍和百家之说的风起云涌变得更加严重。总的来看，孔子更倾向从人道的层面对“诚”观念所包含的真实、忠信、慎独等意蕴展开论证。此时的“诚”虽还没有成为一个哲学概念，但它所要表达的思想内容已经通过“信”“情”“敬”“慎独”等观念而显现了。但是，思孟学派并没有停留至此，与轴心时代其他文明的思想家们一样，他们在追求思想深邃度的道路上继续前行，这突出地表现为改变了以往只重视从人之性情自然、本然、真诚的角度论述“诚”观念的特色，而着力构建以“诚”为枢纽的儒家天人合一学说。相对于自然、真诚的性情而言，在天道规约、指引下的性情必将更多地具备价值性的内容:“性”由喜怒哀悲、自然之气逐渐变成了具备良善本质的道德之“性”;“情”则由真实心理内容转变为应该受到更多限制的道德情感，这种情感要求去除阻碍本心、良知及善性正常呈现的个体欲念。可以说，这是先秦儒家哲学的一次重大演进和发展。

那么，在“诚”的问题上，思孟学派又具体有哪些新的观点呢？荀子对于思孟学派的批判是否客观公正？下面我们就通过梳理思孟学派的“诚”观念来分析这些问题。

一、“诚”的源泉：“天道”之“诚”

寻求终极的真理是人类的本能性知识冲动。天地的初始情形虽然混沌不可知，但思想家们仍坚持不懈地试图从已知推向未知。人作为“爱智慧”的存在就应该不断探索宇宙的本原，穷究万物的实质，追问人生的目的，并在这种探究和追问中获取知识，发现真理，进而赢得自由，获得幸福。处于不同文化圈的人们有一种共同的致思倾向，那就是要为人类认识活动和实践活动寻找一个永恒的、终极的、可效仿、可依靠、可追求的存在。这个存在不是一种具体的存在物，而是存在本身，这种追问和寻找反映在哲学思考上的成果便是形而上学，更具体一些便是本体论。中国哲学中虽没有形成一种专门研究本体问题的学问，但诸子百家对于本根、本原问题的思考也留下了丰富多彩的论述。

在中国哲学中，最重要的本体是“道”。“道”的本义是通道、道路，由此又引申出原则、依据的内涵。老子最先对“道”进行了本体论的说明，在他看来“道”先天地而生，独立运行而不改变，周而复始而不间断，是万物的本原和依据。老子“道”论的最终目的是为了给人类的生存提供一种道路上的指引，他希望人们效仿道自然而然的特质而清静无为，借以无为而无不为。做到了这样，便叫作有“德”，所谓的“道德”就是顺承道之本性而成德于人自身。这是典型的由天（道）而言人（德）的思路。前文已经提到，孔子很少谈“天道性命”等属于“怪力乱神”之类的话题，但这绝不意味着他没有形而上学的思考，至少晚年喜好《周易》的学术转向说明了孔子对于天道问题的探索兴趣。他仍把天（道）看作宇宙万物存在的终极依据，并且对人类而言“道”更是道德价值的源头，而这个“德”的核心便是“仁”。这种推天道以言人事的思路与老子“道德”说的结构有一致性，只不过与道家清静无为的功夫论相比，孔子对于仁和礼的重视显示出儒家更积极有为的倾向。但是，在孔子那里他并没有很好地回答天如何生德于人、如何给儒家所重视的伦理道德规范提供形上依据这些重大问题。究根结底，其原因在于孔子并没有对天道做更为具体的说明，儒家之天道的本性还不像道家之道那样明朗、那样可以直接转化为人的修养规范。

那应该赋予天道何种性质才能更好地为儒家伦理道德提供哲学上的依据呢？孔子之后儒家内部虽然出现了分化，但以子思为代表的重视内在心性修养的一派无论是从思想的深度还是从影响力的广度上来看，都代表了当时儒学发展的主流方向。这个学派的特色在于：在本体论上，他们以性情作为伦理道德价值的源头，从性情出发寻找人类的方向和出路；在人性论上，发挥了孔子的性命思想，并且有向“性善论”过渡的倾向，强调性情要真实无伪；在修养功夫论上，认为只有将内心之性情真诚信实地展现出来才能感动他人，才能使君主赢得臣民的信任，因此特别强调“慎独”。可见，追求内心的真诚是这个学派的重要特色之一。但问题是，如何更好地论证这个“诚”的合理性、如何更好地安顿内心的“诚”？这个问题是在《中庸》和《孟子》中得到解决的，可以说，《中庸》《孟子》对于“诚”的哲理性说明是孔子之后儒学发展的必然结果。

思孟学派创构“诚”论的最重要一步便是诉诸天道。天道话语在当时都不算什么新的创造，而是自古以来的传统。古人认为，天道是一种最为信实的本体性存在，他们之所以要提出天道的概念目的无非就是为了给整个自然和人世安排一种井井有条的秩序出来。思孟学派接受了这种思想传统，认为自然的生生不息、变动不居背后都是道在起作用，只有道才是真实的存在，是万物得以存在的保证，它是不变的、永恒的、唯一的。因此，认识了天道就认识了真理。既然真理由天而来，那么人事的法则也必然要从天道那里寻找答案。按照他们的逻辑，如果一种道德性的情感和态度本身是受天道的启发，那么这种情感就会获得至高的合法性，进而建立在此种情感之上的伦理道德规范也就应当成为普世的价值。《中庸》说：“诚者，天之道也；诚之者，人之道也。”（第二十章）可以说，整个《中庸》文本都是围绕着如何体认天道的

“诚”、如何实现人道的“诚之”而展开的。“诚”的本义就是真实无妄，那么天道之“诚”又有何所指呢？可以说，“诚”便是儒家对万物真实存在之情状的一种抽象。这也就是说，它不是天道本身，而是对天道状态和属性的形容。与道家由于重道而轻视具体的事物不同的是，儒家承认万事万物的真实存在，并在此基础之上建立“天道——人道”的哲学体系。

“诚”是对博、厚、高、明、悠、久这些自然万物（天地山川、日月星辰）之存在状态的概括和抽象。这和《周易·系辞传》从对天地万物的观察中抽象出形而上的“道”的思路非常相似。面对自然界生生不息的状态、变化万物的奇妙，思孟学派抽象出“诚”这一观念来描述这种能够为人所切身感受的客观规律（天地之道），并把“诚”道凌驾于万物之上，将其视为能使万物开始和结束的永恒动力，进而通过人的性情论构造将天道与人道贯通，使超越性的天道内在于人的心性，即将天道人格化，于是“诚”也就自然成为人伦价值的根源了。于是，整个自然界被赋予了浓厚的价值论的色彩，宇宙观和价值观完成了一次融合。可以说，“诚”不是凭空而造的，情感也不是不请自来的。人类在大自然面前的无力感与崇尚感激发了浓烈的效仿心，结果就给自然注入了人文的性质，天地之间也就成为道德实践之可能的场域。总之，《中庸》的作者通过观察客观的世界而获得启发，建构起了一种以“诚”为基准的理想世界。于是，人类伦理活动的归宿也就变为努力接近这种真实存在，引导自己的行为朝着更完善的方向迈进，从而实现与天地同德的终极追求，这就是所谓的“诚之”的过程。

但问题在于，以本体色彩浓重的天道作为认识的对象，使得本已模糊不清的自然状态更加难以捉摸。我们知道，孔子是罕言天道的，道家也认为“道”不可言说。但语言作为一种思想的符号其本身的表达冲动又是与生俱来的，加之任何被命名为“真理”的存在都有被传播的需求，否则就更是一种独语。因此，《中庸》通过这种文字性的知识建构来描述已经存在的状态，以“诚”为本体的形上思维应运而生。需要指出的是，从《中庸》的文本来看，它明显受到了道家思想的启发，特别是受到了老子“道”论的影响。但老子对于“道”的最重要的性质断定是——“无”，也许为了显示与道家思想的不同之处，道之“无”的特色被有意忽略，而被冠以“诚”的性质，在有与无之间无疑留下了巨大的模糊而又极具张力的空间。

二、“诚”的载体：“至诚”的圣人

思孟学派所言的“诚者”（天之道）是超越的，同时也是内在的。《中庸》所言的“诚之”和《孟子》所说的“思诚”都是内在化的路径，二者相比，很显然孟子更抓住了关键——直接将修养的中心放在“心”上，重视心之“思”的作用。《中庸》“诚之”给人的感觉是达到至诚之天道的路径有很多种，无论是普通百姓还是君主大臣都要在日常生活中遵循中庸之道，也就是通过诚于“中”而“和”于外，其“诚”的对象也是心性的内容。而在孟子那里，由于他以心说性而明确提出“性善论”的观点，因此心性又具备了更多的价值意义。通过心思的作用而牵引出来的“诚”无疑也具备善的性质，于是他所说的“思诚”更多的是为了明善，是为了找回人类丢失的“良心”。

在孟子看来，人之“良心”就是人之本质，就是人之“诚”，而对于“良心”的呼唤在很大程度上就是对“诚”的追求、对“伪”的摒弃。《孟子·离娄下》记载着这样一个故事，齐国有个“良人”（丈夫），娶了一妻一妾，他们都住在一起。丈夫每次外出，必定是饱餐酒肉之后才回家。妻子问他跟什么人一起吃喝，他回答说都是些富贵之人。妻对妾说：“丈夫每次出门，总是饱餐酒肉回家；问他跟什么人吃饭，他都说是富贵之人，但咱们家从来没有显贵登门拜访过，我要暗地里察看丈夫的行踪。”第二天一早起来，妻子远远地尾随丈夫，走遍全城也没有一个人停下来跟丈夫说话。最后走到东郊的墓地，丈夫向祭坟的人讨要祭祀剩下的残羹剩饭；不够的话，就又东张西望向别人乞讨，这就是他吃饱喝足的方法。妻子回到家，告诉妾说：“丈夫是咱们终身仰望和依靠的人，如今他竟然这样不知羞耻。”妻妾二人讥讽丈夫，在庭中相对而泣。可是丈夫还不知道事已败露，高高兴兴从外面回来，又一次向他的妻妾夸耀。孟子讲述这个故事是为了向齐宣王申明其以仁义为担当、以天下为己任而轻视高官厚禄的雄伟抱负与儒者尊严，对于那些像故事中“良人”那样一切以富贵利达为归依的胁肩谄笑、自欺欺人、虚伪狡诈之徒他是极力批判的。这个故事隐含的意义是，一般的“良人”可能并不“良”，有“良心”者才能称得上是“良人”，“良心”就是仁、义、礼、智之善心善性，即人之“诚”，而不是矫揉造作的伪情饰性，存诚去伪正是回归人之本性的根本路径。《孟子·滕文公上》还记载了战国时期有一位叫许行的学者，他主张一种君民并耕的理想图景，反对实行商品经济，主张所有货物一律统一价格。许行的一位追随者陈相，曾经向孟子宣传许行主张的好处。他认为，如果按照许行的思想去做，那么市场上的货物就会统一价格，这样一来，一国之内就不再会有欺骗的行为，即便让小孩去买东西，也肯定没人会欺骗他。孟子认为许行的想法虽然很吸引人，但在现实生活中是绝对行不通的。这是因为，事物有其自身的客观规律，万物都是有差异的，或相差五倍，或相差十倍、百倍，或相差千倍、万倍。许行却无视这一客观情形，强行抹杀事物之间的差异，而勉强求其同一，这将严重扰乱生活和生产秩序。试想，如果大鞋子和小鞋子一个价格，那么又有谁愿意生产费时多、费料多的大鞋子呢？因此孟子认为，倘若许行的主张得到推行，这就无异于变相鼓励大家弄虚作假、相互欺骗，长此以往，天下必将大乱，又岂能治理好国家？可见，在孟子看来，只有用真诚去战胜虚伪，整个国家才能处在一个正常的发展轨道上。总之，孟子的心性学说的提出在很大程度上就是为了使人们都能趋向“诚”，远离“伪”。

“诚之”和“思诚”之外，思孟学派还论及不同的人生境界对于“诚”的意义。在儒家的理想人格中，一直有圣人与常人的区分，这种分别的意义在于给常人、普通人树立一个道德上的榜样，希望他们通过学习圣贤以成就道德品格，使整个社会变成一个建立在仁爱基础上的“理想国”。这种人格上的高低之分首先体现在认识论的层面，这种认识不是对客观事物的精密考察，而主要是对人类道德知识的获得。孔子首先提出了“生知”与“学知”的理论，他说：“生而知之者，上也；学而知之者，次也；困而学之，又其次也；困而不学，民斯为下矣。”（《论语·季氏》）他依据认识的能力和境界把人分为生知、学知、困而学、困而不学等不同等级。所谓“生而知之者”，即指那些不经过学习便具有各种知识（主要是关于“道”的认识），能认识各种事物的“上智”之人；次一等的是“学而知之者”，即那些通过学习而获得各种知识、认识各种事物的“中人”；除此之外，便是“困学者”和“困而不学者”，也就是所谓的“小人”。孔子进而认为，“生知”的“上智”和“困而不学”的“下愚”都是先天注定、不可改变的。通过德行的学习，孔子希望达到的效果是：“君子学道则爱人，小人学道则易使也。”（《论语·阳货》）因此，在孔子的思想体系之中，“学”占有了相当重要的地位，就连他自己的一生也是在不断地学习中成就完美的道德和渊博的知识的。

孔子之后，孟子也区分“大人”与“小人”，大、小之别不是以财富和阶级划分的人之等级，而是两种不同的人生境界。在孟子看来，小人是不能运用人类道德觉知能力去践行生命哲学的人，因此人类的全部价值和意义要向“大人”靠拢，“大人”

之“大”首先在于他能够运用天生的道德能力去成就伟大的人格。孟子一方面强调人的认识能力、道德观念乃是先天赋予的本性，不待后天的学习、思虑而与生俱来。他说：“人之所不学而能者，其良能也；所不虑而知者，其良知也。孩提之童，无不知爱其亲也；及其长也，无不知敬其兄也。亲亲，仁也；敬长，义也。”（《孟子·尽心上》）孟子哲学思想的核心论断之一是人具有“不虑而知”的“良知”、“不学而能”的“良能”，仁、义、礼、智等都是上天所赋予人的道德本性，是先天固有的，不是后天学习而来的。人生来就有“恻隐之心”“羞恶之心”“恭敬之心”“是非之心”四个善端，把这四端扩充起来，就成为“仁”“义”“礼”“智”等四种道德，扩充是向内心寻求，不是求索于外物。这个过程就是所谓的“思诚”“反身而诚”，良知良能就是人类之“诚”，就是天道下贯而成就的人性。与孔子相比，孟子似乎有意忽略了在认识能力和方法上的上智与下愚之分，这是为他的人性论服务的，只有承认人在认知方面的先天能力才能得出“人人皆可为尧舜”的结论，才能完成“反身而诚，乐莫大焉”的德性修养，如此才能使自己的主张更容易为世人所接受。另一方面，既然德性本已在吾心之中，类似于“生而知之”，那么如果再强调学习的话恐怕也只能向内心去寻求了。事实上，孟子眼中的“学”基本上都是内求于心的。他说：“学问之道无他，求其放心而已矣。”（《孟子·告子上》）如果说孔子眼里的“学”还需要靠在日常生活中的勉力践行而外向培育的话，那么孟子所谓的“学”就变成了通过寻求“本心”，认识自己的真诚本性，把丧失了的良心善性重新找回的内向过程。

我们再看《中庸》“诚”论在这个问题上的讨论。《中庸》第二十一章指出：“自诚明，谓之性；自明诚，谓之教。诚则明矣，明则诚矣。”很明显，《中庸》的作者继承了孔子对于“生知”与“学知”的划分，不过又有所损益。“自诚明”是圣人的本性使然，属于“生而知之”的那一类，与孔子的“学知”相比，在“知”中又注入了“性”的成分，这无疑就启发了孟子的思路。在《中庸》看来，由诚而明是一种不需要通过后天的学习就能成就的境界，常人是达不到的。圣人的德性十分完备，内在的根基十分深厚，这种不学而知的本性使他足以监临天下、包容万物、决断万事，这是从人世间的“小德”的层面来展现圣者至诚而带来的明察。在探究宇宙万物终极真理的“大德”层面，圣人更是明察秋毫：“唯天下至诚，为能经纶天下之大经，立天下之大本，知天地之化育。夫焉有所倚？肫肫其仁！渊渊其渊！浩浩其天！苟不固聪明圣知达天德者，其孰能知之？”（第三十二章）这里的“知”字点出了圣人因“诚”所“明”的内涵，那就是洞察宇宙的真理和规律，明晰天地化育之究极，因为是由本性自然体现而出，故而不需要什么别的依赖。这种对宇宙全体的明察是淳厚的、深沉的、浩大的，实在是无以复加。圣人在知与行这两个层面都能显出一种洞察，这一切都源于他与天同德，所“知”就自然而然“达天德”，所“明”也就毫无疑问为天道，实非常人所能认识。

可见，“自诚明”之“明”是一种诚道的自明，是指生来体知天道的圣人不需要通过理性的证明或推理就能获得的一种知性和德性的明察作用，是儒家最高的人格——圣人之自我开拓、自我完成而又内在灵明的感知机能。应该看到，在《论语》中这种极为高妙的知性作用并不为孔子所特别强调，《中庸》的思路与孟子“尽心——知性——知天”的认知理路更为相似。

当然，并非任何人都可以成为圣人。在《中庸》中，德行高尚的圣人是有具体所指的，那就是儒学的创始人——孔子。我们发现，《论语》中的孔子并没有自命不凡，也没有以圣人自居，更像是一个在追求仁德的道路上不断摸索前行的可敬老者。《中庸》之所以要把孔子描绘得如此崇高无上乃是出于将抽象的“诚”具象化，是为了说明至诚所带来的神奇功效。但既然一般人在本性上是做不到像孔子那样的由诚而明，是否就意味着大多数人就要选择无奈、绝望与随波逐流呢？这显然不符合儒家的理论旨趣。儒家一再强调的“道”绝非仅仅是形上的、抽象的概念游戏，它更多的是一种指引，是人活在这个世界上成就完善生活的根本依据。对于普通人而言，若要求道、知诚，就必须通过后天的教与学来曲成诚道，这就是所谓的“诚之”的过程与“自明诚”的路径。“自明诚”之“明”是一种后天的知性和德性的培育过程，需要接受圣贤的训教、经过一番切实的努力来获得一种明察的效果。这个过程便是“学知”的过程，其目的不是获得关于外在事物的科学知识，而是获取贯通天道和人道的“诚”的学问，这是一种境界的获得，自然是一种主观的体悟。

对于天道的后天认知与掌握而言，《中庸》一再强调要遵循“中庸”的原则：“故君子尊德性而道问学，致广大而尽精微，极高明而道中庸，温故而知新，敦厚以崇礼。”（第二十七章）这里所谓的“道”是中庸之道，但其背后的本体依据恰恰可以看作是作为“诚”者的天道。因此，践行中庸之道的过程其实也就是向天道归趋、自明而诚的过程。与圣人体道能“致中和”不同，无论是智者还是愚者，无论是小人还是贤人，他们在对道的体认与仿效过程中往往不能遵行中庸的标准，因而常常会表现出各种不“明”的状态。这就好比没有人会不吃不喝，但很少有人能够品尝出真正的滋味一样。可见，要想真正达到对于天道的明察，就必须时刻秉持中庸的原则。这是一种内心选择的过程，背后隐藏着一系列借助于理性的比较、衡量、分析与评断的内心活动，是认知的高级阶段。总之，在《中庸》中，无论是“生知”还是“学知”，这两种认识能力和方法都体现了人作为理性的动物所具有的对客观秩序（天道、人道）以及主观结构（人伦、性命）的反思能力。

三、“诚”的妙用：“至诚如神”

在上文中，我们已经提到，对于诚体的认知不能像认识自然现象那样采取感官获取的方式直接形成经验，同样，这种认知的成果也不可能经由逻辑推理的方法而确切地给出，而要通过一种当下“同情共感”的直觉体悟方式去获得。这种直觉的认识论在宋明理学家那里得到了明确地提出，例如，张载所言的“德性之知”乃是借助于心的直觉而获得的知识，它区别于直接观察客观事物而获得的“闻见之知”。在二程（程颢、程颐）那里，德性之知也是“不假见闻”，他们所一再阐发的“天理”则是通过他们常引以为豪的“自家体贴”的方式而给出。如此看来，人对于真理的认识不必外求于物，只需反观内省，一个虚灵明觉的心就可以认识宇宙一切的表里精粗，最终至乎其极了。

在认识活动的过程中，往往伴随着各种心理体验活动，这些活动可能发生在认知活动的各个阶段。什么是体验呢？可以说，体验是“人在生命的某一时刻通过对一种对象、情景或事态的经历，在其深刻的意义内涵中把握生命和存在的本质的原始意识过程”[1]。体验的特点在于其强烈的情感直接性、震撼性，它们虽然可能是在有意识地进行思维加工的情况下发生的，但更多的是源于心灵自发、无意识的活动。体验的诱发物不仅有客观外在的对象，还包括梦境、幻觉、渴望、想象等心理机制。因此，体验有可能是现实可循的，也有可能是虚幻不实的。通过研究思孟学派“诚”观念所体现出来的思想，我们可以强烈地感受到其间所蕴含的天人合一的神秘体验。这种体验贯穿于体道的过程之中及其完成之后，并且，它基本上是建立在幻觉和想象的基础之上的。根据思孟学派“诚”论的描绘，在

1 / 乐黛云等主编:《世界诗学大辞典》，春风文艺出版社，1993年版，第522页。

认识、追求诚道的过程中，人与天、人与鬼神之间有一种精神上的契合，如神灵降临一样，人们能够感受到一股神奇的力量；在获知、把握天道诚体之后，人类也会具备一种奇妙的能力，能够察往知来，优入圣域。

根据前文关于“诚”观念之社会文化渊源的叙述可知，这种“诚”所带来的神秘性体验与认知是源于祭祀活动的。祭祀活动在中国古代国家、社会以及家庭生活中具有非常重要的意义，在思想家眼里，祭祀是“天人合一”观念的实践化形式。孔子对祭祀活动特别看重，特别是他一直在强调人在参与祭祀时的诚心敬意，希望以此来培养人们诚敬的道德品质。此外，祭祀祖考还可以培育人子的孝敬品德，进而改善整个社会的良好风气，即所谓“慎终追远，民德归厚矣”(《论语·学而》)。

在孔子眼里，祭祀是能够切实体验到鬼神之存在的最便捷法门。祭祀活动起源于原始信仰，其对象主要是天地、鬼神与祖先，由此形成的复杂的外在仪式规定和内在情感要求构成了中国礼乐文化的悠久传统。在祭祀活动中，人们要遵循一系列的行为程式与规范，否则就会被认为是对神灵的不敬。斋戒沐浴、整齐穿戴就是体现诚敬精神的神圣性仪式要求，祭祀的目的在于歌颂鬼神盛大的功德，希望以此得到神灵亲临的眷顾，进而给参与祭祀的人员带来好运和福佑。《中庸》的第十九章详细描述了祭祀祖先时的生动场面，营造出了一种尊卑有序、孝敬爱亲的浓厚氛围。与此同时，在极力追求至诚境界的过程中，在庄严肃穆的情境里，人们产生了一种与神灵相互感通的极致体验，这种体验无法用科学的理论来解释，甚至是除了设身处地参与祭祀的人之外，这种感觉也没法在人与人之间进行传达。当然，能获得神秘体验的祭祀绝不仅仅靠仪式的严整与祭品的丰盛，更重要的因素是斋戒沐浴、穿戴整齐这些仪式背后的诚敬之心以及由于恐惧、崇敬而产生的心理虚幻、扭曲情态。可以说，祭祀为接近鬼神设置了一种神奇的场域，它是获得人神合一神秘感的最直接形式。其实，《中庸》是用鬼神来譬喻诚体（道）的，鬼神无处不在，犹如道无处不在；鬼神视而不见，听而不闻，不可测度，这同样也是天道之“诚”的特质。因此，祭祀之中的神秘直觉其实也就是追求天道的过程中所带来的内心体验，这种体验主要呈现为认知达到至诚境界时人与天地万物的合一感：“唯天下至诚，为能尽其性；能尽其性，则能尽人之性；能尽人之性，则能尽物之性；能尽物之性，则可以赞天地之化育；可以赞天地之化育，则可以与天地参矣。”（第二十二章）即便是不能臻至诚的境界，只要坚持不懈地向“诚”靠近，在日常生活中处处以“诚”为追求的目标，也同样可以获得妙化万物的感应。

如果说上述的感应还有些温和的话，那么《中庸》第二十四章则直接把这种神秘的体验推到极致：“至诚之道，可以前知。国家将兴，必有祯祥；国家将亡，必有妖孽；见乎蓍龟，动乎四体。祸福将至：善，必先知之；不善，必先知之。故至诚如神。”这是说，人如果能达到对诚道的最终体认，便能如神明般预测未来。

这显然是在用善恶福报的思想传统[1]来解说诚道感知的神秘效用。于是，那些被孔子所刻意回避的“怪、力、乱、神”等因素被重新塑造了出来，并且还特别以“善报”的思维来确保其理论学说的必要性。也就是说，在“诚”观念所展现的福祸报应学说背后还潜藏着认识论意义，这主要体现为《中庸》试图对秉持真诚信念所带来的实际效果进行确认。从消极的角度来说，如果不以“诚”作为为人处世、治国理民的原则，上天就会降下灾异之象，甚至会采取某些具体的惩罚措施来教训人类的无知。囿于当时自然科学的落后，这显然是对某些自然现象所做的价值性的曲解。从积极的角度来看，如果一切以诚为旨归，那就意味着“积善之家，必有余庆”(《周易·坤卦·文言传》)，人类必定会得到上天的赏赐，如此就能国泰民安，风调雨顺。作者是想从正反两个层面展示体认、追求“诚”道的重要意义，但事实上这种说教所能获得的至多是一种建立在恐惧、憧憬等宗教情感之上的信仰性认同，在这个认同的过程中认识论所真正要探究的知识证实问题是被忽略和无视的。

在孟子看来，人体就是一个小宇宙，心就是这个小宇宙的核心，它具备“诚”的

1 / 根据《春秋》《国语》等书的记载可以发现，古人由于认识水平的限制并不能正确地解释各种自然、社会现象，特别是对于那些异常的现象，他们往往表现出某种程度的惊异与恐惧。因此，能够通过天之所示提前预知一些现象往往会被认为是一种神奇的能力。并且，具备此种预知能力的人（如巫觋等）往往要在政治、社会生活中承担重要的职能，即指导、协助君主采取一系列的救禳措施来避免灾祸，获致吉祥。这背后潜藏的是上天与人世可以感通的思想。

特性，通过尽心养性、扩充存养等功夫将“诚”激发出来就能实现天人的合一，因为天道本身也是“诚”的。天人合一的体验在君子那里表现为“过化存神”的效用，即君子所到之处众人无不受到感化，君子心中所存无不显示出神妙莫测的力量。总之，这就是一种“上下与天地同流”的人生境界，也就是《中庸》所谓“至诚如神”的神秘知觉。不过需要指出的是，思孟学派由心性出发而达至的天人合一境界虽有神秘的成分，但其目的并非是要建立一种类似于墨家那样讲求虔诚对待神灵的宗教形态。

思孟学派这种依靠直觉而实现天人合一的学说凸显了人类的主体力量，这种道德理想主义的追求造就了中华民族的崇尚德性、重视修养的高贵精神。但是，主体能力的无限夸大也为儒学走向歧途埋下了伏笔，特别是“诚”观念所内在的宗教神秘主义成分对汉代神学化的儒学影响甚深。因此，思孟学派“诚”论所隐藏的非理性、绝对化的思维也是应当被重新审视的。

四、“诚”的功效:“成己”与“成物”

一直以来，我们把哲学理解为“爱智慧”，这其实已经告诉我们哲学可能并不是智慧本身，并不是一堆现成的理论和学说，而是对智慧的爱与追寻，这体现为不断提出问题而又试图解决问题的过程。寻求智慧的目的又何在呢？显然，人们希望通过哲学解答宇宙、人生中的各种困惑，希望因此过上更加自由、幸福、圆满的生活。正是因为人们并不能在现实中找到人类生存的终极依据，所以才寄望于超越的世界，创构了姿态各异的哲学体系。

《中庸》“诚”论的思路是承认人具有超越的品格和无穷的力量，其目的也是追求真理与美好的生活。从根本上来说，“诚”哲学的理论兴趣在于为现实的道德生活提供一种根本的根据，一方面保证道德实践原发阶段的约束力，另一方面又确保道德行为主体具备一定的自觉性。当然，这种建构本身并不是凭空而来的，上文中我们已经提到这是由于人们在观察自然万物之后进行理性抽象的结果，但我们还不能忽略这种理论志趣背后还有具体的实践背景。

思孟学派的理论相较于孔子的思想体系而言，其突出的特色在于哲学性的浓重，但它也秉承了儒家思想一贯的重视现实人生特别是人类道德生活的特性。《大学》所谓的“诚意”之“诚”虽然是指人之意念的真诚，但其真实化的实现场域无疑是现实生活情境，也就是由各种人伦关系所构成的社会结构系统。这意味着儒家“诚”观念指向的是人类的生活实践，目的在于使人以一种正当、积极的态度投身于具体之“事”中，希望人们能够以儒家之道的具体内容——仁、义、礼、智等价值标准——作为为人处世的根本原则，并通过自身的不懈努力使这些原则能够源源不断地实在发用，进而达到提升个人境界、改造人文环境的目的。

《中庸》第十三章引孔子的话说：“道不远人。人之为道而远人，不可以为道。”天道下贯为人道，如果这个道远离人的话，也就不能称其为道了。因此，对于“诚”道的体认最终要呈现为一种德性的实践，这种实践有许多层面，首先是对于君主的治理而言，作者认为要依据诚道制礼作乐。儒家认为，圣人依据至诚的天道创制了庞大的礼乐系统，并且还要借助于自身德性的力量来成就礼乐的教化功能。但《中庸》又强调，制礼作乐不能僭越，否则就是不诚。《中庸》第二十八章明确提出，制定礼乐者要有位还要有德，这样才能名副其实。一方面，礼乐之行要与高明的知识合一，有行而无内在真切之知只能流于形式主义的虚伪狡诈；另一方面，知也要与行相一致，有德而无位，人人以自专，往往会造成自我主义、分裂割据，这也是诚道所不允许的。可见，《中庸》的诚道与圣王的政治理想是密切不分的。我们知道，礼崩乐坏是先秦儒家最深刻的时代背景，追求圣王之治、内圣外王的理想政治是儒家的根本旨趣。《中庸》以“诚”为根基的哲学体系在“王天下之三重”——礼乐、制度、文化——中都能显示其自身的价值。这也就意味着，天道之于人类的价值意义的证实也应从这三个方面寻找答案：君王知天而又知人，从根本上来说就是真正体知了诚道，具备这种崇高的道德素质之后便又通过“三重”的形式使“诚”道的价值得以展现，其结果必定会获得民众的信任，得到上天的眷顾，受到圣人的协助。

当然，“诚”的实践要求并非局限于君王这一层级，对于普通人而言，也要在自明而诚的道路上不断提高自身的道德修养。“诚”首先要体现为个体实践上的真实不欺，即所谓的“忠恕”之道。朱熹说：“尽己之心为忠，推己及人为恕。”这个“己”在这里指的就是天道之“诚”所体现出来的人的“诚”性。《中庸》认为人可以认识这个“诚”，虽然在获得的过程中有所谓的圣贤与常人的区分，但这还不是问题的关键。“诚”对于个体而言，不仅是一个认识的对象，更是一个效仿的榜样。人与人之间在践行诚道层面的差别显得更为紧要，因为普通人可以通过由明而诚的途径来认知天道，这多少会有助于缩短他们与圣贤之间的差别。但圣贤也不是全而无过，就连被儒家看作圣人的孔子也在反思自己在德行实践层面的不足，可见“诚”之行并不是一件容易的事情，有知而无行，或者行并没有恰到好处，才是拉大自己与圣人之间距离的症结所在。因此，如果在平常道德的践行与日常言论的谨慎方面有做得不够的地方，就应该努力去弥补；即便做得比较多的地方，也不该自满地认为已做到位；言论要顾及行动，行动也要顾及言论，总之君子必须忠诚信实地践行儒家之道。这就是《中庸》第二十章所谓的“择善而固执之”的“诚之”之道。

如果要对以上两个层面进行总结的话，这无疑就是《中庸》所追求的“成己”与“成物”的和合：“诚者自成也，而道自道也。诚者物之终始，不诚无物。是故君子诚之为贵。诚者非自成己而已也，所以成物也。成己，仁也；成物，知也。性之德也，合外内之道也，故时措之宜也。”（第二十五章）如果说“成己”是指成就自己的德性的话，那么什么是“成物”呢？这一直是个含混不清的问题。从字面的意思上来看，成物就是成就事物，不过这种成就不是宇宙论意义上的生成，而是价值论上的化成。儒家是非常重视人类在宇宙之中的地位的，虽然天道作为宇宙万物包括人的根本依据而存在，但人类的特殊性质决定了其更具有主体性的自觉。对于人类而言，自我完善叫作仁，这是一个德性培育的自我提升过程；但人又不能对其他存在形式置之不理，这就需要人把自身所体知的诚道展现为具体的行动，以此来对待万事万物，促进万物朝着更为完善的方向迈进，在这个过程中人类的大智慧也不断得到展现。当然，这个过程可能不是有意为之的，而是体知诚道之后自然而然的功效。如果说，这样还不能把"成物"说清楚的话，那么我们可以拿儒家传统的"内圣外王"观念来作比附。内圣和外王是分不开的，正如仁（主内）和智（主外）是人类固有的能力一样，二者没有偏废。体认了诚道的圣贤将自身的风采展现出来之后便能起到一种模范的作用，他人由此而受感动，以圣贤为榜样，便能变化自身的气质，进而以新的姿态待人接物。也许客观的事物本身并不会发生什么明显的转变，但在生活中做事情的个人、体察万物的主体的思想一经诚道的洗礼，便能积极追求与天地万物的合一以及行事上的真实无妄。如此一来，万物各随己性，和谐并生，事情明通显达，顺遂畅通，礼崩乐坏、列国纷争的情形说不定还能缓解不少，怎能不说是一种巨大的转变和显著的成就呢？笔者认为，这就是《中庸》里"成物"思想的真谛。

孔子以尧、舜作为自己思想的渊源而极力称颂他们，把文王、武王的功绩看作规章而效法他们。他的思想主张上以天时为律令，下以水土为凭据，合乎天地自然的规律，也就是合乎真实无妄的诚道。这样就能像天地那样没有什么不能够承载，没有什么不能够覆盖；就能像四季那样交替运行，像日月那样轮流照耀。这为我们描绘的正是一幅万物共同繁育而不相妨害，各种规律同时并行而互不冲突的景象。如果说上面是在成就“物”的层面而言的话，那么在成就“事”的层面，表现出来的就是在人际交往的过程中小德能像河水长流般永不止息、大德能够敦厚化育而无穷无尽的景象。如此“任天下”、“冒天下”、使万物“各当其理”的功绩便是“成物”的最高体现。可见，孔子以天地之诚道为规范，并将其施用于自然与社会之间，达到了成就事事物物的功效，不愧为最崇高的圣人形象。总之，至诚才能尽性，尽性是由尽己之性开始的，然后推展开来可以尽人之性、尽物之性，最终达到参赞天地之化育的程度。万物之本性得以真实地显现，也就意味着它们都将最充实、最完美地存在于时空之中。对于儒家来说，这就是圣人极高明的神力，不过圣人不是神，不是上帝，不是造物主，他们是在具体的生活世界中遵守中庸之道进而可以呈现天道的人，是最大限度地实现自我与万物本性的人。

思孟学派这种以“诚”为本的道德哲学体系虽然将其目的最终落实在了实践领域，但实践的标准却建立在没有客观可靠性的主观价值之上，这容易使德性实践的可控性变得微弱，道德的自由裁量成分则过分浓重。在现实生活中，这种道德哲学的缺陷往往造成虽极力倡导诚信为人、真诚处事的行为规范，但处处还有不诚信的现象发生。此外，对于内在德性认知的看重也就相对忽略了外在的约束和规范，中国人信德不重法的民族性格得以建立。好在《中庸》还一再强调"三达德""五达道"的笃行精神，看重"自明诚"的下学而上达、平实而伟大、中庸而高明的路径，否则在实践上就会像后世陆王心学末流一样有空疏之弊端、虚浮之遗憾了。

五、对思孟学派"诚"思想的评价

通过梳理思孟学派的"诚"思想，我们可以很清晰地感受到其思想内容的重要特色：从形上的本体论层次来看，他们试图在天道与心性之间建立某种联系，为儒家内圣外王之学的合理性展开学理上的论证。也就是说，他们要为儒家伦理道德进行哲学上的说明，试图建立儒家道德形上学。从形下的道德践履层次而言，由于内在的心性与作为本体的天道存在一致的可能，儒家伦理道德完全来自天道本体的启示。所以，一切道德的践履活动都要以复归人之本然的德性为依归，并借此而上达天道，实现天与人在现实生活中的完美合一。因此，性善论是思孟学派天人合一之说的必然结论，而"尽心知性知天""诚之""思诚""反身而诚"也是儒家德性修养的必经之路。归根结底，这种天人合一之说建立在主体对于本体的体认之上，其实是主体创设了本体而不是相反，这其中虽有自立门户并与其他学派进行争论的成分，但最终的目的还是要借助于效仿本体的性质而不断完善、提升自我，使主体不再局限于经验世界，而成为一个具有超越性的存在。这就是儒家最高境界的道德人文理想。不过，理想终归不是现实，但理想一经被确立又具备了很难再被改变的惰性。儒学可以提出天地万物统一于“诚”，但它并不能保证人人皆可以达到至诚的境界。这也就是说，天人合一更多的是一种可能，从实际上而言，人最佳的状态也不过“永远只在乾乾精进的途程中”。[1]

不论哲学怎样变化，有一点是不变的，那就是它可能永远不会放弃对本体世界、超越世界的追问，这种追问的目的最终还是要指向人类的现实生活，为生活特别是伦理的、良善的、理想的生活状态提供依据和指引。几乎所有的哲学体系都充满了德性的精神，都在试图为伦理道德提供形式和内容。但是，由于它们的形态千差万别，并且又无不打上了时代、民族和地域的烙印。因此，任何一种借助于形而上学的形式所开出的道德内容都不可能是放之四海而皆准的。所以，思孟学派所构造的作为“诚者”的“天之道”以及由此而提出的“诚之”“思诚”和“反身而诚”等可以达到至诚之境界的具体道德规范都只是中国先秦儒者在特定的历史境遇之下、为了解决某些具体的社会问题所进行的理论创造的努力。这种努力影响了儒学自身的发展，也借助于儒家经典传习和文官考试制度影响了整个中华民族的精神和品格。这种重视主体德性修养的思维经历了不同阶段的演化，儒家“诚”观念的形态在不同的时代、不同的学派、不同的个人那里也表现出了多样性的特色。在下文中，我们将继

1 / 李景林:《教养的本原：哲学突破期的儒家心性论》，北京师范大学出版社，2009年版，第284页。

续对儒家"诚"观念发展演变中的重要环节和形态进行梳理，并对其历史意义及理论缺陷进行反思。

第三节 "明于天人之分"：荀子对思孟学派"诚"观念的继承与解构

战国时代政治动荡，战乱频仍，但这为思想界的百家争鸣提供了生长的条件。各家各派之间基于自身立场，相互争辩，希望能够干预政治，拯救时弊。孟子就曾批判墨子、杨朱的"邪说""淫辞"，以圣人之徒自居捍卫儒家之道。但孟子并没有一挽狂澜的能力，当时的思想环境也不太可能让某家学说一统天下，所以《庄子·天下》才发出"道术将为天下裂"的感慨。到了荀子生活的战国末年，思想界的纷争局面丝毫没有改变。由于荀子曾在当时学术中心之一的稷下学宫"三为祭酒"，因此他更能近距离接触各种理论主张。他忧虑当时粉饰邪说、美化奸言而枭乱天下的局面，对流行于世的各种学说追根溯源，毫不留情地加以批判。他批判的对象也包括与他同属儒门的思孟学派，语言不可不谓激烈。应该如何理解荀子对于思孟的批判呢？学术界对此已多有解释，我们可以通过对比思孟之"诚"论与荀子关于"诚"观念的论述来考察二者在一些关键问题上的差别，借此进一步理解荀子与思孟学派在对由孔子所开创的儒家思想的发展上所体现的不同理路。

一、由天之“诚”推不出人之“诚”

荀子主要通过批判思孟学派的理论来建立自己的思想体系，这其中以对思孟天人之说的批判最为关键。思孟学派内部虽然也极不统一，但大体上来看，他们都倾向于从天道的规律直接推衍出人间的道德准则，特别是通过抽象出来的“诚”观念实现了天与人的合一。前文已经指出，思孟学派的“诚”哲学虽奢谈天道但重心仍在人道的层面，但荀子关注的问题则是，以“诚”为中介的天人合一理论所透显出的神秘性、虚妄性内容，已经违背了原始儒学的真谛，走向邪僻、幽隐的道路上去了。

在孟子那里，从“天道—人道”的统一性结构自然会得出人性善的结论，而荀子则将天人之间本然性的连接截断，将原本被孟子所赋予的良善性质从天道中移除，于是天作为宇宙万物的代名词更多地承载了自然的意蕴，它无所谓善恶，因而也就不能对人之善恶做出任何规定。学者们经常引用如下一段文字：“列星随旋，日月递照，四时代御，阴阳大化，风雨博施，万物各得其和以生，各得其养以成，不见其事而见其功，夫是之谓神。皆知其所以成，莫知其无形，夫是之谓天功。唯圣人为不求知天。”（《天论》）这是荀子对于天的总的定位。很显然，荀子眼里的“天”主要是自然之天，它在阴阳二气相互作用之下产生运动变化：“天地合而万物生，阴阳接而变化起。”（《礼论》）这种观点当然不是荀子的独创，而是受到《周易》、道家以及稷下学派的影响。在荀子看来，天并非无所作为，其博施造物之功甚为神妙强大，这又与孔子对于天虽不言但四时兴、百物成的观感是一致的；不同的是，孔子所谓的“天”还是一种留存着意志性、神秘性的义理之天和命运之天。与以“诚”为核心内容的思孟学派之天论相比较来看，二者对天道之性质的描述其实是一致的，都强调了天道自然，真实存在，生生不息，神妙莫测。所以，荀子的天道也可以称为“诚者”：“荀子以天地为诚，就是表示天象和四时的变化过程是前后一致的，它们化育万物具有一定的规律性，指的是自然规律的真实性、实在性。”[1]荀子与思孟学派的差别在于“唯圣人为不求知天”一句，这意味着在荀子眼里，思孟所提出的圣人因至诚、与天道合一而成为人伦典范的创制者，普通人要在圣人所指引的通往天道之“诚”的道路上奋力前行的理论行不通。对于自然，人能够了解它们是自然而然的就足够了，至于非要在自然之外设计出一个至诚的天道来作为终极的依据，就不应该是圣人所为、所虑的了。这也就意味着，荀子并不认同思孟学派将事实、认识、逻辑的问题与价值、道德、情感的判断混为一谈。不过，荀子并没有否定“诚”在政治、社会关系中的作用，他反对的是由天道直接定义人道的思路。荀子与思孟学派相比，其思想有一个明显的变化，即由奢谈天道性命到多言礼义法度的转向。荀子呼吁以仁为追求的儒者们不应再像十二子那样秉持曲折怪僻的异端邪说，不应再试图探求上天的奥秘，而是直接从礼义、

1 / 廖名春:《〈荀子〉新探》，中国人民大学出版社，2014 年版，第 128 页。

礼法的人道入手，这就是其“明于天人之分”之说中所谓的人的职分。

荀子对思孟学派展开激烈的批评，这说明他对子思、孟子的思想材料做过细致研究。例如，《荀子》“不苟”篇记述了他对于“诚”观念的讨论，其中有些思想与思孟学派“诚”论如出一辙：其一，正如上文所言，荀子确实将“变化代兴”而“不言”的“天德”以“以至其诚者也”定义之，这是《中庸》《孟子》“诚者，天之道也”的延续；其二，荀子说君子的修养要以“诚”为关键，真诚无妄地践行仁义之道，这明显受到了思孟学派“诚之”“思诚”观念的影响；其三，荀子在论述养心求诚的功效时说“诚心守仁则形，形则神，神则能化矣；诚心行义则理，理则明，明则能变矣”，这袭取了《中庸》“诚—形—著—明—动—变—化”的思路；其四，荀子由“诚”也推出了“慎独”的功夫论，这也是思孟学派观点的承续；其五，荀子讲君子守诚能感召同类，并且强调“操之则得之，舍之则失之”，这明显受到孟子论气时所引孔子“操则存，舍则亡，出入无时，莫知其乡”(《孟子·告子上》)之语的启发。

不过，与思孟不同的是，荀子先言人在达到“诚”境界时的功效，然后才言及天道之“诚”，其内在的思路是：君子养心要以“诚”为本，诚心守仁，诚心行义，如此便能将德性显现于行动之上，事情就会变得很有条理，给人一种神明智慧的印象，进而能够改变、感化他人。这种“变化代兴”的君子“至德”与天地四时之“常”道类似，但由于天人各有职分，所以不能说人德来源于天道。所以，荀子更像是在有意提高人道的地位，矫枉而不惧过正。这同样得出了上文所言由天道之“诚”推不出人道之“诚”的结论，这是荀子对于思孟“诚”哲学最大的解构。可以说，为了切断天人在德性上的合一传统，荀子在天道之“诚”上只是虚晃一枪，转而将“诚”定位在从个体修养到国家治理的全过程。

既然荀子试图切断思孟学派以“诚”为核心的天人之间的关联，那么他就需要在“诚”论所开出的天人感通的问题上做出不同的说明。思孟学派为了说明至诚的功效，构造出人如果能秉持至诚之情感便能感动上天、通于鬼神、预知未来的理论，荀子则反其道而为之，在用自然解释天道的同时也切断了天人相感通的可能路径。荀子虽然也多次提到天之“神”性的一面，但这个“神”是对自然变化过程中所体现的生生不息、奇妙莫测状态的描述，不是上帝、祖先、鬼神这些颇具人格性的神秘存在。由于荀子主张不求知天，这也就意味着即便天再神妙莫测也不会对人产生什么主宰的意义，只要人类真正地肯定自我主体性的能力，天也就不过是“不为尧存，不为桀亡”（《天论》）的外在性力量罢了。于是，天象的风雨晦明与人事的治乱兴衰之间根本就没什么必然的关联，即便人类再精诚万分，也不会改变、感动天之分毫。真正能决定人类命运的还是人自身的努力，所以君子要“敬其在己者也，而不慕其在天者”。荀子认为，流星陨落、树木鸣响这些怪异的自然现象使人们甚为惊慌，感觉好像是上天要降下什么灾祸似的。对此，荀子反对时人以感应论解释天象的邪说，直指日月有蚀、风雨不时、怪星傥现并非今之独有，这一切都是异常的自然现象而已。对这些怪象觉得奇怪情有可原，但因此而感到畏惧就不应该了。荀子并没有停留至此，他又将人们对天之问题的关注转向了人的层面，指出真正可怕的是“人祆”，即人事中的怪乱之象。耕稼不理、民不聊生、政令不明、举措不时、礼义不修、秩序淆乱、内忧外患就是“人祆”的表现，这些乱象直接造成了国家的动荡不安。荀子想要在此表达的是，与其汲汲求取幽远无羁的天道，不如将心思用在人事治理之上，这才是君主所当行之道。

荀子关于天人关系的论说虽然以试图将二者进行区分为主导，但这种分别又不是绝对的。他虽然对思孟学派多有批评，但有意无意中也吸收了他们的一些思想。例如，荀子在论证礼义的合法性问题时，一方面从历史、社会发展的客观规律和现实情形立论，指出礼法的出现是为了解决因利益的无序争斗而产生的混乱问题；另一方面，他又吸收了思孟学派从天道论证人道的传统思路。例如，他也把君臣、父子、兄弟、夫妇之间的伦理规范与天之规律视为一体，从而与他的天人相分之说有所扞格。其实不唯如此，他的礼论虽没有明言，却仍留有从天道寻求人道根据的痕迹。不过，这在他的思想中并不是主流，不能因此否定其对于思孟学派的“解蔽”意义。

二、“养心莫善于诚”

思孟学派用天道来规范人道，天对于人的作用通过人的心性作用来达成。因此，为了解构思孟学派的天人学说，荀子在人道、人性的问题上也必须另立新说。在荀子看来，人之“性”乃天生造就的性质，“情”则是人性的实质，这也就意味着喜、怒、哀、乐等情感不可以泯灭，否则就难以称其为人了。欲望又是情感的反应，人类求取欲望是性情的必然展现，而人类的智慧又是在帮助人去获得欲望的满足。欲望是性之本具，不可能完全消除，不过人可以对其加以节制；同时，欲望也不可能完全得到满足，但可以接近于达到满足。欲望的节制与满足要根据人所处的位置与情境，在二者的张力之中人要获得最好的安顿而不应被外物所役使。《荀子·不苟》中有“济而材尽，长迁而不反其初，则化矣”一句，它其实暗含了荀子与思孟学派在人性问题上的不同。孟子直接提出性善论，人天生就已经具备像天道那般的诚性，诚就是善，只是有些人失去了他的善性。因此，孟子主张“思诚”“反身而诚”，通过心思的作用回归主体本来的善性，进而实现对天道的把握。总之，思孟学派认为人性乃天之所命，是人道的起点和归宿，因此要“反求诸己”。荀子对人的自反之功并不是特别信任，他并不认同将礼义作为人之本性，而是认为如果把礼义看作是外在的规范更能起到整齐人心的作用。既然已经将仁、义、礼、智等从人的本然之性中移除，那么在他的思想体系中再谈什么“反其初”就等于说弃“明”投“暗”了。所以，思孟学派的五行之说以及由此而来的“反身而诚”的理论，在荀子眼里难免有些颠倒是非，属于“俗儒”的怪说奇辞。

荀子重新定义了人性，在他看来，人性首先表现为自然性，人饿了就想吃饭，冷了就想穿暖，累了就想休息，这种“好利而恶害”的思想是人的本性，在这个层面上人都是一样的。自然性相对于道德性来说有趋向恶的可能，因为它很可能更靠近利欲而与礼义相悖。但是，这并不意味着要弃绝利欲，真正合适的做法是对欲望有所节制。既然人都具备自然性，那人与人之间为何又产生了善与恶的差别？荀子认为，差别的原因在于是否节制了利欲，节制当然要靠后天的人为（也就是“伪”），人为有两种表现：从个体上来说，就是人的道德修养之行；从整体上来看，则是人类社会习俗的累积，整个环境的综合作用。人就是靠自身的行为与社会的熏染而成就德性以变化自然之性的，这就叫“化性起伪”。在荀子这里，没有思孟学派所言的生而至诚的圣人了，人人都是生活在具体社会环境中的个体，高尚的品质不是生而所具，而是通过不断投身于具体实践、积极进行德性修养而养成的。

人为上的差别体现为君子与小人之分。荀子一再强调君子与小人在各个层面上的差别，他的目的并非在于确立圣人君子遥不可及的崇高地位。在《中庸》中，圣人更像是一个生来至诚、体察天道、参赞化育、前知神通的偶像，他是人世的楷模，是人类最高道德境界的完美展现。孟子对于圣人的看法有所变化，他虽然也极力赞颂圣人的功德，但为了使他的性善论更具鼓动性，于是就提出了“人人皆可为尧舜”的口号。成圣的路径在孟子那里主要是内求，即通过一系列内心修养的功夫来努力返归本然的善性，但由于诉诸内在的“幽隐”的体验而使得操作性显得并不是很强。在荀子的思想中，圣人君子的至上性、神秘性明显下降，荀子承认圣人与众人在本性上是一致的，路上走着的普通人也可以通过后天的学习而成圣，与此同时，他还建构了一条更为切实可行的修养之道，那就是“积善”，即在日常生活中遵守礼义习俗，一点一滴地积累善业，最终成为一个圣人君子。于是，圣人与常人区分的关键在于圣人践行礼义之“伪”。相反，那些放纵自己性情去追求利欲、不懂得学习礼义而积累善业之人就只能归于小人之列。圣人君子不再是高高在上的偶像，不再是“生而知之”的全知全能的人物，他就成长于具体的人伦日用生活当中，就存在于受到礼义教化的百姓之中，他靠着点滴的为善积累而成就完美的德性。同样，他的意义更多的不是参赞化育、总领万物这类的“虚”德，而变成治国理民的“实”政，他们就是礼法得以落到实处的关键，兴衰治乱就系于他们一身。所以，《荀子·王制》才会说：“故有良法而乱者，有之矣；有君子而乱者，自古及今，未尝闻也。”荀子并不是认为君子一定会重于良法，而是认为良法要得以施行，靠的正是那些专一至诚、固守不辍的君子们，二者并没有偏废。

可见，礼义在人道中的作用非常关键。礼义的意义就在于节制人之性、情、欲:“是以为之起礼义，制法度，以矫饰人之情性而正之，以扰化人之情性而导之也。”(《性恶》) 但节制不是为了减少或者取消人类追求物质幸福的权利；相反，礼的最终意义在于“养”，即更好地满足人类口、鼻、目、耳、体之欲望，这个过程是通过礼对于心的作用来实现的。对于礼义，也可以从两个层面来观察：其一是从社会的层面，它是君主制定的使人类社会群体走向和谐统一的规则。不过，这个“和”却又是通过“分”和“别”的形式来达成的，也就是分中求和、不同而一。荀子所处的时代，物质生活水平还远远不能满足所有人的需求，如果纵任人类贪利之性的驰骋，一味追求生存、利禄，偷安懒惰，恣情欢悦，所求没有什么底线，那么就会产生争斗混乱，国家也会因此变得穷困不堪。在荀子看来，人应该依据等级、年龄、贫富的不同而享有不同程度的福利，礼义的作用就是为社会中的个体寻找一个合宜的位置，并且为他们确定所能享受到的权利的范围和程度。人如果依据其位置来追求福利而不过分求取，社会就必定不会那样混乱不堪。这其实是孔孟义利观的继续，只不过是荀子将“义”(合宜性)的标准确定为礼。与孟子将礼看作是人之内在善性不同，荀子所谓的礼义则是外在的伦理道德规范的总和，礼义法度不是人生来具有的，他是圣人以仁为根本原则、在深入具体生活的基础上经过深思熟虑而构造出的，这就上接孔子以及子思一派对于礼的看法。这种从具体的社会现实考察伦理道德、法律规范之起源的看法与性善论相比更具合理性，因为人类的文化成果不可能是凭思想家们天马行空的想象力和全知全能的灵感智慧而构造出来的，它们必定奠基于具体的、历史的境遇之中，是从事社会生产的人类在面对某些特定问题时而创造的物质的或精神的成果。

礼义并非人的本性，它就在日常生活之中，是人类活动的外在规范。荀子虽然重视外在的礼义规范，但他又不得不承认外因要通过内因起作用，礼义真的要发挥作用，必须借助于心的力量。荀子也提出“心术”之说，心术的具体内容就是礼义。礼既然成为治气养心之术，那么荀子所谓“养心莫善于诚”之“诚”的对象便不再是天道，而是作为人道的礼义了。荀子之“诚”的意义体现为对于人性的改化，即由趋利的恶性转向遵守礼义的“化性起伪”过程，而在思孟学派那里，“诚”的意义在于返归善良本性，是个重新找回人性的过程。一个改变，一个找回；一个就“明分使群”的礼义从外在的规范开始，一个就仁、义、礼、智、圣“五行”从内在的修养着手，二者差异虽然明显，但从根本上来说却构成了人之德性养成两个不可或缺的环节。

三、“诚”的实现功夫：“虚壹而静”

与其重视“礼”与“分”的思想相应，荀子强调人在认识活动中“辨”的能力。在他看来，人与其他生物的区分或者说人之所以为人的一个重要标志就是人可以区分事物、辨别是非。因此，“辨”对于人而言意义有二：其一，有辨才有分。人借助于分辨的能力才能区分事物，使名实相符，进而确立各种事物在宇宙中的位置，特别是确定人类各种等级秩序，这样也就为礼义的建立提供了保障。其二，辨别的能力体现在言语表达上便是对于辩论的擅长，善辩才能更好地宣扬自己的思想。荀子所处的时代，处士横议，“奸言”四起，君子手中没有能改变这种混乱局面的权势，只能借助于自己的辩说来申明是非，激浊扬清，惩恶扬善。关于言辩的问题，荀子继承了儒家的传统，反对虚伪狡诈，追求文质彬彬的真诚精神。需要指出的是，荀子所谓的“类”和“实”指的就是礼义、礼法，这也就是一切言行的最终标准。因此，如果说荀子要忠诚于什么的话，那么“诚”的对象就是礼义、礼法。

荀子分辨精神最重要的体现是他对于是非曲直的判定，也就是要解除蒙蔽人心的异端邪说，重归他所谓的“大理”。我们知道，是非问题是个价值性问题，每个国家、每个民族、每个学派乃至于每个人都有可能站在各自的立场之上进行论说。在荀子看来，人类在是非价值上最大的问题是“蔽于一曲而暗于大理”（《解蔽》）。他之所以要重新审理当时流行的诸多学说，其目的就是在于解除这种“大理”的遮蔽状态。他认为，造成这种遮蔽状态的原因是各家偏于一端而不能见全体，再加上可能还会受到他人的引诱和蛊惑，心也就很难求其正了。荀子与孔子以及思孟学派一样，认为天下只有一个绝对的、正义的、普世的“道”作为一切存在的主宰。“道”作为恒常之体能穷尽一切变化，一曲之见自然不能察其大体，只有像孔子这样的圣人才能获知周全的大道，并且能用一个统一的、至上的标准（即“道”）来衡量万事万物。

按照思孟学派的观点，圣人生而至诚，也就能察识天道，而常人只能在日常生活中以圣人的至诚为榜样，通过修心养性的功夫，在获知天道的道路上不懈努力。思孟所言的“天”，主要是义理、道德之天，而荀子并不认同也不主张主体对于这种天道的直接察知，他虽承认人有认识自然之天的能力和必要，但人对于自然的认知活动仅限于天、地、四时、阴阳等所表现出来的可以预期的现象、适宜万物生长的各种条件等。当然，这并不意味着荀子并不去认知义理和道德，他只是将它们与天的联结断开了。他眼中的圣人是通过不断的学习和积累而自然而然领悟大道的，这里的“道”主要不是天道，而是人道，也就是礼义之道。在这个认知人道过程中，心的作用是至为重要的一环。“心”在儒家思想中既是一个接收经验材料的感觉器官，又是一个能够体验本体的灵明之所，只有通过心的作用才能“知道”，而“知道”又是解除“大理”遮蔽状态的关键。道理明才能禁非道，进而有益于整个国家和社会的治理。这其实就是要通过统一全社会的价值标准来寻求秩序的安定。这种想法同儒家其他派别的思路一样，从理论上来说有实现的可能，但前提是人不是作为现实、具体的个体而存在，而是抽象的、大写的“人”。但人性的奥秘就在于它的多样性和可变性，希望通过整齐人性来获得良好的治理效果似乎难以成真，最终只能是一种价值信念和理想。对于这些问题，我们先存而不论，再回到荀子的思路上。既然体知天道如此重要，心如何才能够“知道”便是至为关键的环节。

荀子的回答是“虚壹而静”：所谓“虚”，就心的内容而言，他希望人们将内心已有的观念特别是之前所接受的“蔽于一曲”的歪理邪说悬隔，为大中至正的“大理”充实于内心留下足够的空间。可见，“虚”并非指空无一物，而是为心性的充实、变化提供一种清净的场域，这也就是“养心莫善于诚”的逻辑起始。其二，所谓“壹”，就心的功能而言，它强调内心的专一不二，即心在认识大道时应该专一不二，即不能让对其他事物或道理的认知妨害对于大道的体认，否则人的认识就不可能精微明通。其三，所谓“静”，就心的活动而言，如果不对心加以限制，它就可能进行某种偏差性的运动，如虚幻的梦境以及天马行空的胡思乱想，这种非理性的认识活动会影响人们对于大道的认知，因此要使内心静定下来。综上，“虚壹而静”就是描述这样一种认识的过程：排除心中已有的不实内容，让心安静下来，精诚专一地体认大道。概言之，“虚”“壹”和“静”无不是养心之“诚”术的具体展现，由“虚壹而静”而体道无疑是受思孟学派“诚”与“天道”思想的影响。不过，荀子想要获得的“道”主要不是玄远的天道，而是人类社会的道理。

如果达到了对于大道的认识，那么就能明察事理，再将道付诸实践的话，就真正成为一个圣人君子了。思孟学派眼中的圣人因至诚而明达，因为与天道为一而洞察宇宙万物以及人事之理，这就叫“自诚明”。荀子受其启发，也推出了他的“大清明”之论：“虚壹而静，谓之大清明。”（《解蔽》）在荀子看来，人通过“虚壹而静”的功夫实现了对道的认识，认识了大道也就明达了宇宙万物。这其中有道家清静无为思想的影子，但更多地是受到思孟学派“自诚明”思路的影响。不过，二者区别也比较明显：其一，就“诚”来说，“自诚明”之“诚”更多的是指圣人所达到的真实无妄、与天道完美合一的境界形态，而荀子此处已经将境界性、本体性意味浓厚的“诚”改换为功夫论层面的专一致诚（即“虚壹而静”）。其二，就“明”而言，思孟所言之“明”是一种德性之明，即明察人之善性，而荀子此处的“大清明”之“明”对象似更为广泛，既有宇宙万物的真实规律，又有人事的当然之则，但德性的色彩并不浓厚，这与他对人性的看法是相关的。此外，“大清明”的功效与思孟所言至诚能够“参赞化育”不同，《中庸》所谓的“参赞”基于人通过“尽性”而实现天人合一，而荀子所谓的“赞”并非上达天地化育之运行，而只是对于考察事物、明达事理的帮助。可以说，“君子壹于道”是荀子思想中的“内圣”和“成己”，而以被大道所规正的心志去实践所明察的事理，从而支配万物（也就是“制天命而用之”）则属于“成物”的“外王”之功了。

与思孟学派“诚”论所开显出的直觉认识天道的方法相比，荀子“虚壹而静”之“诚”功夫所阐发的认识论则更为看重通过对客观事物进行观察来获致有益于人类政治社会实践的道理。所以，作为思维器官的“天君”也就是“心”的“大清明”还只是获得真理性认识的主体要件，人还必须通过感知具体事物才能激发出对大道的体认。他承认："凡以知，人之性也；可以知，物之理也。"(《解蔽》)"凡以知"指人类自身的认识能力，"可以知"乃是作为认识对象的事物之理。不过，他认为从人的认识能力上而言，通过经验的观察来获得万事万物之理是一个不可能完成的任务，人不能完全淹没在纷繁多变的具体现象之中。因此，他也讲"知止"，"止"既是为人的认识能力确立一个限度，也是为人类知性的追求确定一个目标。这个目标受《大学》"止于至善"的启发，《大学》之"止"不是从认识论的角度出发，而是直接谈论道德的标准问题，荀子则是由认识而谈论"止"的问题，并试图从经验认识中跳出，最终也进入了道德领域。"止"不仅仅意味着到达，更是重新的开始，德性的修养就是这样一个终而复始、精诚不辍的过程。由此进行推论的话，思孟学派之"五行"（仁、义、礼、智、圣）皆可视作当"止"之"善"。但依据荀子的看法，这些"止"和"善"有闻见杂博、不成体系之嫌，没有一个统类可以将它们贯穿起来。于是，荀子提出了他所认为的当止之"止"，那就是圣王的礼法。

四、"诚"乃"政事之本"

儒家虽然追求对大道的感知，但他们并没有停留在认识的层面。荀子在《儒效》中就强调，行高于知，"知之不若行之"，"学至于行而止矣"，荀子所言大道之行就是指礼法在政治、社会、生活中的具体实施。荀子所处的时代是战国晚期，虽然大一统的局面马上就要到来，但黎明之前的黑暗却又是那样可怖，整个社会展现出万物失宜、上失天时、下失地利、中失人和、礼义不行、教化不成、善恶不彰的混乱局面。荀子也像孔孟那样在纷争战乱之中浮沉游荡，辗转燕、齐、楚、莒、秦、赵等国宣扬自己治国理民的思想。荀子虽受到法家慎到等人的影响，并且他的思想还直接影响了法家的代表人物李斯与韩非，但他本人的政治思想却仍然以德礼为主要内容，发展了孔子“道之以德，齐之以礼，有耻且格”（《论语·为政》）的主张，看重礼义对于人之修养以及社会治理的重要意义。在政治的层面，这种礼义思维又发展为对于礼法的重视。在荀子看来，礼法就是正义的人道，是强国固本的根基，整个国家治乱兴衰的命运都应该寄托在礼法之上。

荀子的对于礼法的重视受到了法家和兵家的影响。在孔子以及思孟学派的思想体系中，法的作用并没有那么突出，它主要作为道德的辅助力量而存在。荀子则将儒家之“礼”与法家之“法”结合起来，试图建立一套内可以修身养性、外可以移风易俗的完整规约体系。笔者认为，法家、兵家“赏罚诚必”的思想对于荀子礼法思想的影响很大。我们知道，在荀子之前，一些国家经历了变法的浪潮，它们亟须通过颁布成文法来确保新的政治社会关系的稳固。在这种时代背景之下，儒家在政治领域的诚信主张似乎已经不太符合历史发展的潮流，其实不然，诚信反而在礼法的框架之下发挥着更重要的作用。试想，如果法律得不到切实的遵守和一致的遵行，那么它就只能沦为一纸空文。法的内容主要表现为对于赏罚的规定，因此，战国法家非常重视在刑罚庆赏过程中的诚实信义。法令若要顺利推行首先要解决的问题是如何取信于民，特别是当新的法令行将颁行而民众又处于游移观望的态度之时，树立法律的威信才能保证它落到实处。例如，商鞅曾采取“立木为信”的手段赢得秦国百姓的信任。《商君书·画策》还直接指出儒家仁义之论的最大问题就是很难施行，只有“法必明，令必行”才能治理天下。荀子既然强调礼法的作用，那么礼法赏罚功能的信实施行就成了其发挥作用的关键。在《荀子·天论》中，他把治国之道分为“王”“霸”和“亡”三种情况，“隆礼尊贤而王”是最高理想，“重法爱民而霸”次之，“好利多诈而危，权谋倾覆幽险而尽亡”则根本不足语于治道;“隆礼尊贤”则“义”立，“重法爱民”则“信”存。

那么如何才能取信于天下呢？荀子指出要靠“信法”与“信士”。所谓“信法”，主要指的是政令和赏罚要符合信实的标准，即要赏罚必行、诚实如一。荀子说:“政令信者强，政令不信者弱。”(《议兵》) 只有礼法真正落到实处，人民才能“反诚”，社会的争斗动乱才可能终止，荀子所构想的良好秩序才能够建立。总之，荀子意识到在现实社会中，人的生命很有限，而诚信的道德以及信法、信士却是长久的、永恒的。这是荀子从历史经验中所总结出的最根本的道理。在信法与信士二者之间，荀子更看重信士的作用，原因很简单，若要法律落到实处，人对于礼法的忠诚不可或缺。在他看来，具备仁德的君子，“忠信以为质，端悫以为统，礼义以为文，伦类以为理，喘而言，蠕而动，而一可以为法则”。(《臣道》)君子忠诚于礼义，他的言行举止都可作为国人的榜样，故而荀子才会认为法是国家治理的端绪，君子则是礼法的本源、道法的总要。如果有可以忠诚于礼义的君子，那么即便法律很简略，它也会得到全面的施行。相反，如果法律非常繁琐但没有秉持法律精神的君子，那么法律施行起来就会混乱无序，不能应对现实情形的变化，随之而来的便是整个国家的混乱。这种观点强调了法律实行过程中人所起到的主导性作用，但一味强调“有治人，无治法”(《君道》)很容易走向人治主义，甚至是打着法律的旗号而为君臣的胡作非为鸣锣开道。

同样，对于在战乱时代应运而生的以行军作战为理论重心的兵家来说，赏罚的诚信显得更为重要。虽然孙武等人相信“兵以诈立”，用兵诡诈看似是对诚信精神的抛弃，但这是对敌人采取的策略，战场上的诡诈不会被人视作不道德的行为，因为对敌人的仁慈就是对自己的残忍。不过，对于军队内部而言，诚信的意义就很重大了。《孙子兵法》说:“将者，智、信、仁、勇、严也。”《六韬》曰:“所谓五材者，勇、智、仁、信、忠也。”《孙膑兵法》也认为将领应具备“忠”“信”“敢”三种品质。这个“信”指的就是将领在治军过程中的严明赏罚。在兵家看来，将领不能不诚信，否则军令很难得到执行，军队也就因此不能凝聚为一体，战斗也就很难获得胜利。荀子对于用兵打仗中的诚信精神比孙武更为看重，他甚至把“兵以诈立”也给否定掉了，一切要以诚为本，在与敌人的交战之中也是如此。《荀子·议兵》记载临武君与荀子议兵于赵孝成王前，临武君颇为认同孙武的诡诈之道，荀子则不以为然。在他看来，仁人之兵，不可狡诈，决战沙场最终依靠的不是诡诈的权谋，而是民众的亲附和拥护。那么如何能使民众亲附呢？他认为，君子要有仁爱恻怛之诚心才能获得百姓的亲附。这就把战争的结果与国家内部的治理结合起来，阐发了国泰民安才能百战不殆的思想，同时也反映了荀子禁攻反战的立场。

思孟学派的“诚”道是成己成物之道，是内圣外王之道，在这个思路上，荀子与他们没有差别。君子以礼义修身，君主法先王、隆礼义，其目的并非仅仅提升自己的道德修养，还要追求社会政治功效，这就是荀子所谓的“正身安国”(《乐论》)。概括来说，儒者充实礼义之德于内心就是为了“美政”与“美俗”，即起到完善政治秩序、改善社会风气的作用，这是“成物”。同时，如果君子能够修养其内在的德性，那他就能获得好的名声，天下也会应之如雷霆。这也就是“成己”之效。在政治、社会中成己成物，如此便成就了完善的君子之道。根据荀子的看法，我们可以说君子之道就是礼义之道，这没什么问题，但这个礼义并不像孟子所说的那样是先验的德性，只需要反求诸己就有可能获得。对于作为外在规范的礼义，君子所能做的只有坚守它、践行它。由此，就引出了荀子对于修养功夫看法，这就是所谓的“道出于一”。“一”作何解呢？用《儒效》篇的话说就是“执神而固”。

“神”如何而来？荀子讲得很明白，“诚信生神”，“神”就是神通显明，即由真诚而明达事理；“诚信”就是专一致诚，一则固。因此，“执神而固”就是儒家特别是思孟学派所阐发的“诚”。可见，“诚”与社会政治生活密不可分，在《荀子》一书中论述社会、政治的部分无不体现着荀子及其后学重视“诚”的思想。

五、荀子对思孟“诚”思想的解构及其意义

荀子有强烈的正统意识，他不满思孟学派因奢谈性与天道而表现出来的心性化、内在化和神秘化趋向，他认为思孟之学存在着逻辑上的困难与思维上的混乱，已经偏离了儒学的正统。因此他试图拨乱反正，希望通过一条学习诗书礼乐、践行圣王礼法以及回归道问之学的途径体认大道。因为思孟学派的理论建立在以“诚”观念为核心的天人合一思想基础之上，所以荀子也从重建天人关系入手来试图扭转思孟学派思想的流弊。可以说，荀子的思想很大程度上就是对思孟学派以“诚”为核心的天人合一哲学的批判与改造。从天道之“诚”上来看，荀子致力于纠正思孟学派天人合一于“诚”的理论所造成的“神人同形说的宗教神话的天道观”[1]。虽然他也承认天地自然表现出生生不息、变化代兴、自然而然、神妙莫测等“诚”的性质，但他拒绝由天道之“诚”来为人道设定终极的目标，而是提出天人各有职分的观点，试图将天人合一的链条截断。于是“天道——人道”的合一关系被

1 / 侯外庐主编:《中国思想通史》(第一卷)，人民出版社，1957 年版，第 413 页。

解构，人的美善本性也从天道中移除，天更多地承载了自然的意蕴，它无所谓善恶，也就不能对人类社会产生任何价值性的规定。从人道“诚之”“思诚”的角度上来看，思孟学派为了保证人人皆有与天道诚体合一的可能，于是就通过心性论的构造来证明，用仁、义、礼、智、圣等德目对应天道之“诚”。荀子所赞颂的是孔子、子弓这样的“大儒”“圣人”“雅儒”，综合荀子对这类人格的描述，我们可以总结出他们所具备的优良品质：首先也是最重要一点，他们效法先王，顺从礼义；其二，恭敬爱人，端悫诚信；其三，表里如一，不诬不欺；其四，宗原应变，专一于道；其五，内圣外王，调一天下。可见，在人道之“诚”的问题上，荀子除了特别强调对礼义的重视之外，与思孟学派“诚”的思想并无二致。但是，荀子不赞同“反身而诚”式的追求与天道诚体合一的功夫（也就是“尽心→知性→知天”的修养路径）。

荀子对于思孟学派的批判是他基于所处的社会现实特别是当时思想界鱼龙混杂、是非淆乱的现状而展开的，他抓住了思孟学派的关键特点，从根基处加以驳斥，表现了他的学术洞察和气魄。荀子在批评思孟学派的同时，也重建了儒家的“诚”学，荀子的新“诚”学最大的特点就是试图切断天道之“诚”与人道之“诚”的合一关系，着重强调在人道的层面上对于礼法的忠诚。荀子这种颇具智识主义色彩的另类“诚”哲学在相当长的时间内一直是中国思想的潜流，它发挥着非常重要的矫枉作用，特别是在防止思孟学派以“诚”为核心所建立起来的天人合一之学过分滑向神秘、直觉、感应的层面上，它功不可没。荀子的新“诚”学标志着儒学中一种新的天人关系的确立，它一方面指明了儒学发展中出现的偏差，另一方面也给儒学提出了一系列新的课题和内容。在这个层面上来说，荀学与思孟之学之间应该是一种互补的关系。

第三章

先秦道、墨、法、兵诸家对“诚”的重视

除了儒家之外，先秦的道家、墨家、法家等思想派别也都非常重视真诚的精神。并且，他们的“诚”精神也大多体现在诚实守信、表里如一的追求之中，这也就是我们常说的“诚信”伦理的主要内容。这里需要说明的是，“诚信”是个后起的表述，但是先秦诸子在论述忠、信、孚、慎独等与内心之修养有关的范畴时都体现了对于“诚信”的重视，因此我们从中都能发现要求内心真实无妄（即“诚”）的思想因素。下文中我们对先秦诸子“诚”思想的考察在宽泛的意义上进行，也就是没有严格区分“诚”与“忠”、“信”等范畴，而是把它们都看作内求真实、外树信义的综合性规范体系。

第一节 “得道真人”：道家的“诚”精神

道家是以老庄为代表、以“道”为其学说宗旨的学派。一般认为，春秋末的老聃为道家创始者，庄子则继承和发展了老子的

思想。我们知道，道家与儒家之间有很大的分歧。特别是对于儒家所提出的一系列的伦理道德观念，道家学者基本上都持有一种批判的态度。这种批判是否也体现在他们对于诚信思想的理解之上呢？

一、“信言不美，美言不信”

老子是道家学派的创始人，生平事迹不详。据司马迁《史记·老子韩非列传》记载，可能有三个老子：一是楚苦县（今河南鹿邑县东）厉乡曲仁里人也，姓李氏，名耳，字聃，曾任周守藏室之史。孔子曾向他问过礼，后出函谷关退隐。二说是与孔子同时代的老莱子。三说是战国时期的周太史儋。对《老子》一书也多有争论，一说成书在春秋末期，一说是战国时期作品，还有说是出自汉代。现在大多数学者认为老子就是春秋时期的老聃，《老子》一书基本反映了老子本人的思想。至于其中的战国时期痕迹，系老子后学在加工、编纂该书时羼入的。

老子主张自然无为的思想，反对所谓圣智和仁、义、礼、忠、孝等外在的道德规范。他认为“大道废，有仁义；六亲不和，有孝慈；国家昏乱有忠臣”（《道德经》第十八章），“夫礼者，忠信之薄，而乱之首”（第三十八章）。因此，他主张“绝智弃辩，民利百倍；绝伪弃诈，民复孝慈；绝巧弃利，盗贼无有”（第十九章），即绝弃了知识文化、仁义道德、机巧私利等，人民就会真诚无邪，天下就能安乐太平。他认为“无为”是最高的道德标准，“上德无

为而无以为”。（第三十八章）

但是对于诚信的精神，老子并没有一概地否定。首要的原因在于，他认为“信”与“道”密切关联。《二十一章》说，“道”尽管没有形体，人之感官难以察觉，然而这个“东西”却的确存在，有它的形象，有它的实物，有它的本质，有它的信验。这个“信”指的是什么呢？它有什么实际的意义呢？其实它指的是“道”在社会、生活中的实际效应，是人们能实实在在感受到的道德伟大力量的体现。对此，老子认为“道”创生了万物，又内在于万物，并且作用于万物，不会厚此薄彼、顾此失彼，像母亲爱护自己的婴孩儿那样无私，因此“可以为天地母”。它对于天地万物的作用从来都不停歇，又是自然而然的，没有意志的。万物则凭借各自禀受的“德”发展自己、成就自己，它们还得到周围环境的滋养，这是万物生长的过程。在这一过程中，万物无不崇“道”而贵“德”。道德之尊贵在于它完全顺其自然地任万物自我化育、自我完成，而不加以丝毫外力的限制与干扰，更不会偏爱某一个。老子将“道”这种自然而然的作用称之为“玄德”。“道”之“玄德”，正是指“道”这种自然而然的、“辅万物之自然而不敢为”（第六十四章）的特性和原则。同时，“道”之“信”（真实，即“诚”）指的也就是万事万物在道的作用之下自然而然地生长化育的真实过程。其实，这犹如儒家以“诚”为核心的天人合一论断，从世间万物的生灭长育之中感受到了更高主宰的力量，这种力量实实在在、毫不虚伪，人们应该真诚地去效仿“天之道”。

例如，老子曾经以水喻道。他首先阐明水的两大德性——“利万物”与“不争”，并且认为这足以使水“几于道”，也就是与道的品性类似。然后，老子又指出上善之人要仿效水的各种德性：居处要像水那样安于卑下，心胸要像水那样虚静深沉，交友要像水那样相亲相爱，说话要像水那样真诚守信，为政要像水那样有序治理，处事要像水那样无所不能，行动要像水那样待时而动。水之德其实就是道之德，道之德最终要化为人之德，可见，从内而外的真诚守信是老子对于上善之人的道德要求之一。

当然，上善之人主要指的还是在上位的统治者们，诚信对于他们来说意义更为广远。在《老子》第十七章中，老子将统治者按等级划分为四等。随着君主诚信的逐渐下降，君民间的关系也是每况愈下。老子得出结论说，统治者一旦失信于民众，民众也就不信任顺从他了。“信不足焉，有不信焉”一句在《老子》中一共出现两次，除十七章外，在二十三章也有出现。诚信不足带来不信任，那么统治者该如何做才能避免这种情形发生呢？老子开出的药方是“贵言”，那什么又是“贵言”呢？老子说“道法自然”，说的是道不违背自然的运行，一切都是顺其自然而不加干涉。可以言说的“道”不是自然之常道，因为“希言自然”，自然不说话、不发号施令，一切都是自然而然的。既然自然自己都很少“言”，那我们又怎能通过语言去探究自然呢？孔子也曾说过类似的话，他说：“天何言哉？四时行焉，百物生焉，天何言哉？”（《论语·阳货》）四季的更替，万物的生育，这些都不是天有意志的作为，而是自然而然的生化过程，其中不存在任何人格神的意志于其中，甚至人格神本身都是不存在的。这些都是自然的法则，是人类无法凭主观意志改变的，一切都是按照“道”的原则在自然而然地发生着。就像《老子》第五章所说，“天地不仁，以万物为刍狗”，天地之于万物，本就无所谓情感可言。天地间的万事万物无不在遵循着“道”的原则存在和运动着，就连天地本身也无法跳脱出“道”的作用。“道”是那个“独立不改，周行而不殆，可以为天下母”（第二十五章）的存在。道不可道、智者不言看似是在说言语之于思想表达的局限性，实际上是在强调道遵循自然的本性，一切任其自在自为，在自然面前保持沉默。言语也是有为的一种，老子主张无为而治，在他看来，无为才能无不为。言语过多只会让人无所适从，所以不如持守虚静中正之道，以此来“体道”、“悟道”。在这个意义上，我们可以说，“知者不言，言者不知”，智者应该以“不言”的方式和态度去“体道”、“悟道”。那“信”与“言”之间又是什么关系呢？可以这么说，“信”就是以不言的方式所达到的无为而治的结果，关键是这个“治”字，强调的是一种“功成事遂”的良治。所以，《老子》第十七章所说的“贵言”是在强调言语不要随随便便地讲出，因为轻易地许下诺言，必然难守信用，把问题看得容易，必然会遇到许多困难。与其要华丽的语言做装饰，不如用功业成功、政事完成来回馈自己的民众。如此，才会有民众的信任可言，即便他们只是感觉这一切只是“我自然”的结果，但那种在良治下的自我实现、自我成就的自由状态足以保证统治者的长治久安。这种良治是通过无为、不言的方式获得的，所以说是“信言不美，美言不信”（第八十一章）。这是在说，良治之言由于是不言、希言所以不美，而美的言词是而言不实的，只靠华美的言词是换不来“功成事遂”的治理效果的。在此，老子通过对信的提倡来批判当时统治者在政治上的矫饰、伪诈与胡作非为。

二、“真者，精诚之至也”

庄子是道家在战国时代的重要代表人物，其主要思想体现在《庄子》一书中。《庄子》原有五十二篇，今存三十三篇，其中分内七篇，外十五篇，杂十一篇。一般认为该书内篇为庄周所作，外、杂篇为其弟子及后学所撰述。内篇比较完整，思想自成体系，外、杂篇在思想和风格上与内篇稍有差异，但基本思想是一致的。

与老子相比，庄子在诚信思想上又有所发展。首先我们会发现，庄子比老子更加重视“诚”与“信”这两个概念。庄子与孟子的活动年代大致相同，而孟子对“诚”有相当多的论述。《道德经》中“诚”字只出现一次，第二十二章有“诚全而归之”一句，这句的“诚”是实在、确实的意思，而“信”字在《老子》中出现了十四次左右。在《庄子》中，“诚”字出现了十六次，其中作真诚、诚信、诚实讲的就有七处，而“信”竟然出现了近五十处。其中，《渔父》篇说：“真者，精诚之至也。不精不诚，不能动人。”“诚”在这里指的是意念的专一、纯真、集中，庄子后学借渔父之口所要阐述的意义是，只要人能够做到内心真诚专一，由精气而造就的精神、情感便会聚而不散，不伪不杂，完全而又真实地呈现，这种真实的生命与情感才是感动他人的力量。精与诚的结合，“也可以说是‘诚’激活了万物体内的生命力——精，使之爆发出意想不到的力量，甚至与天地、鬼神感通”[1]。反之，如果只是勉强而为，做的只是表面功夫，那也就不能达到感通的效果。需要注意的是，《渔父》的作者往道家的思维框架中注入了儒学的因素，指出了精诚对于家国天下的意义；“真”受于天，就如同说“诚者，天之道也”，“法天贵真”也与儒家对于天道的“诚之”“思诚”异曲同工。可以说，《渔父》的思路已经与思孟“诚”论没有多大差别了。这说明了在依据天道、追求真实的层面上，儒道二家有相通之处。

在思想内容上，庄子不仅继承了老子的道论，在诚信思想上二者也有传承。庄子也认为圣人是“诚”精神的化身，《庄子·刻意》说“圣人之生也天行，其死也物化；静而与阴同德，动而与阳同波；不为福先，不为祸始；感而后应，迫而后动，不得已而后起。去知与故，循天之理。故曰无天灾，无物累，无人非，无鬼责。不思虑，不豫谋。光矣而不耀，信矣而不期。其寝不梦，其觉无忧。其生若浮，其死若休。其神纯粹，其魂不罢。虚无恬惔，乃合天德。”在他看来，诚信应该遵守，但积极地提倡忠诚信实对于个人的道德修养而言却是没有好处的，《天运》里说“以

1 / 宋小克：《上古神话与文学》，暨南大学出版社，2013 年版，第 198 页。

敬孝易，以爱孝难；以爱孝易，以忘亲难；忘亲易，使亲忘我难；使亲忘我易，兼忘天下难；兼忘天下易，使天下兼忘我难。夫德遗尧舜而不为也，利泽施于万世，天下莫知也，岂直太息而言仁孝乎哉！夫孝悌仁义，忠信贞廉，此皆自勉以役其德者也，不足多也。”因此，他对“性服忠信”的孔子表现出了一种鄙夷。

《庄子·渔父》里记载，一天，孔子在一片黑压压有如帷帐的树林里游逛，弟子们在读书，孔子弹琴歌唱。曲子还没有弹奏一半，一位打鱼的老者上岸停步，坐下聆听。曲子奏罢，他把子贡、子路两个人招到前来问话。老者在得知这人是孔子之后便问他是做什么的，子路没有回答，子贡则回答说：“孔氏者，性服忠信，身行仁义，饰礼乐，选人伦，上以忠于世主，下以化于齐民，将以利天下。此孔氏之所治也。”渔父又问道：“是有国家的国君吗？”子贡说：“不是。”是诸侯王的辅佐吗？子贡说：“不是。”渔父笑着回身走去，嘴里念叨着说：“仁则仁矣，恐不免其身；苦心劳形以危其真。呜乎，远哉其分于道也。”庄子借渔父之口表达了仁义忠信之类的道德主张只会带来“苦心劳形以危其真”的后果。

庄子认为，在品德最高的年代里，不推崇贤人，不重用能者，君王像随风飘摇的树枝，民众像四处蹦跳的野鹿自由自在。行为端正并不觉得那样是义，人与人之间的相互之爱并不觉得那样是仁，实心诚意并不觉得那样是忠，依约而行并不觉得那样是信，为人所动并不觉得那样是受，为人所使也不觉得那样是赐。所以走起来而不留痕迹，只是自然去做而不宣扬。其实，庄子并没有完全否认诚信等优秀品质的价值，相反他认为依约而行的“信”是人性之自然，不过所“信”的对象是“自然”，他希望人们只是顺其自然地去行动，诚信就在自然无为之中。与儒家所设想的“讲信修睦”的“大同”世界不同，庄子眼中的理想世界人人无知无欲，常保素朴天性，与万物浑然一体，没有仁义、忠信、礼乐之规则，不知利害、是非、愚智、善恶之区别。一旦圣人出、仁义设、忠信立、善恶别，则是至德之世的蜕化、人类道德的堕落，这反映了道家对人类道德异化现象的批判。

庄子不仅从理论上论述了儒家诚信主张的危害之处，还通过列举事实来说明标榜诚信的危害。《庄子·盗跖》篇记载了一则发生在子张与满苟得之间的对话。子张是儒家的代表，在他看来，士人一定要培养德行，因为没有德行就不能被人信任，不被信任就难以获利。所以，从名与利的角度来考量，只有实行仁义才是正道。如果抛开名利，反求之于内心，那么士人的德行修养，一天也不能停止。满苟得则针锋相对地指出，在当时的社会上，无耻的人变得富有，夸夸其谈者成为显贵，那些获得大名大利的，几乎都是靠无耻的吹牛骗取他人信任，而不是真正讲信用的。所以，从名利的角度来说，夸夸其谈骗取他人信任才是根本。假如抛弃名利，反求于心，那么读书人应该保持其自然的本性，而不是奢谈仁义。

下面，子张把论辩的焦点转移到贵贱美恶之上，他举桀纣与仲尼、墨翟的例子指出，高贵与卑贱的区别在于德性之美丑，这话听起来很有道理，但背后还是在宣扬儒家那一套仁义道德的标准。对此，满苟得不以为然，他还是认为儒家所谓的德行是虚伪的，满嘴仁义道德，一旦落实到具体事情之上就悖逆了自己的标准。小偷小摸的被关押，窃国的大盗却做了诸侯，在诸侯的门里，就有仁义之士存在。当年齐桓公小白杀掉兄长而纳嫂子为妻，管仲竟也做了他的臣子；田成子常杀掉齐简公自立为君，可孔子却接受了他的聘礼。口头上瞧不起这些人，可实际上却又甘居其下。这样，言语与行动的不同造成了心里的冲突交战，岂不是与情理不相契合吗？所以古书里说成者为王，败者为寇。子张听了满苟得的辩解有些激愤，于是他开始直截了当地指明不行仁义的害处：“子不为行，即将疏戚无伦，贵贱无义，长幼无序；五纪六位，将何以为别乎？”（《盗跖》）满苟得并没有直接回答是与否，而是采取了釜底抽薪的手法，直接以儒家学派所尊仰的贤士圣人为靶子进行批判。儒者所表彰的这些圣人贤者们都不能符合仁义道德的标准，故儒者所言在满苟得看来就是伪辞，他们的言说并非真正为了追求道德，而是为了名誉利益，名与利的实质，既不遵循情理，也没有顺应大道。紧接着，满苟得又借无约之口继续说：“‘小人殉财，君子殉名。其所以变其情，易其性，则异矣；乃至于弃其所为而殉其所不为，则一也。’故曰：无为小人，反殉而天；无为君子，从天之理。若枉若直，相而天极；面观四方，与时消息。若是若非，执而圆机；独成而意，与道徘徊。无转而行，无成而义，将失而所为。无赴而富，无殉而成，将弃而天。'比干剖心，子胥抉眼，忠之祸也；直躬证父，尾生溺死，信之患也；鲍子立乾，申子自埋，廉之害也；孔子不见母，匡子不见父，义之失也。'"满苟得希望自己和子张都不要再执着于什么君子与小人之别，而应该心无是非，随顺自然。他还通过举例说明，忠、信、廉、义等世俗价值都违背了人性，最终会给人带来祸患。

这则寓言围绕着儒道之辩来进行，但我们发现其核心之一便是论述与诚、信有关的问题。在儒者看来，诚信能给他们带来功名利禄，而在道家看来，儒家所谓的诚信带来的只能是祸患。寓言中虚构了"无约"这样一个体道者形象，这个名字本身也颇有深意。成玄英认为："约，谓契誓也……子张苟得，皆共谈玄言于无为之理，敦于莫逆之契也。"[1]结合上下文来看的话，成玄英的解释比较贴切。这从一个侧面反映了庄子对于诚信思想的看法，即追求自然而然的诚信，而不是有意为之的信约。因为，人们一旦将诚信当作一种主张，就不免出于名誉利益的考虑，而失却不约而信的根本精神，即便再多的契约也无法保证诚信的贯彻。除了无约之外，在《德充符》中还有一个虚构的"哀骀它"形象，庄子借助仲尼之口说他"未言而信，无功而亲，使人授己国，唯恐其不受也，是必才全而德不形者也"。在哀骀它的眼中，死生、存亡、穷达、贫富、贤与不肖、毁誉、饥饱、寒暑等都是命运所注定，像白天黑夜那样交替着在我们

1／（清）郭庆藩撰，王孝鱼点校：《庄子集释·盗跖第二十九》，中华书局，1961年版，第1006页。

眼前经过那样，费再多力气也不会知道它们是怎样开始的，所以不必要扰乱它们的和谐，不必要记挂此事于心中。不如让它们和谐顺遂、接连运行而不陷于杂乱，像白天黑夜那样没有间隙，和万物一起共度时光。平，是水静止的最佳状态，可以把它当作法则，内部保持稳定而不为外物所动。德性，是成就、和谐事物的修养，德行修养不着形迹，是因为内心保持平静状态而不为外物所沾染和摇荡。

如果要做一个总结的话，我们认为庄子论诚信更多是将它作为一种本然的德性，是个人顺应自然之后而又自然具备的品性，它与外物无关，与社会无关，更与善恶、贤愚的区分无关。庄子只希望人们能通过修养使内心保持与万物为一、泯灭物我差别的境界，一切顺其天道之自然，“不以心损道，不以人助天”，达到“堕肢体，黜聪明，离形去知，同于大通”（《庄子·大宗师》）的坐忘状态，也就能成为“真人”。这种“真人”才是庄子诚信思想的最高载体！

第二节 “言信行果”：墨家对“诚”的坚守

墨家是战国时期的重要学派之一，为墨翟所创。有前后期墨家之分，前期墨家指由墨翟本人组织和领导的学派，后期墨家指墨翟死后由其弟子所组成的学派。墨翟早年学习儒者之业，但因不满于儒家学说，自创新说，其理论几乎都是针对儒家而发。以墨子为首的墨家学派，形成一个严密的团体，在领导人“巨子”带领下，刻苦自励，具有“摩顶放踵利天下”的奉献精神。至战国，墨学大兴，阵容庞大，与儒学共称天下之显学。特别是杨朱“为我”之学盛行后，墨家与杨朱学派对儒学形成严重的挑战，引起孟子、荀子等大儒的极大不安。墨子与墨家的思想主要体现于《墨子》一书中，其中《墨经》六篇反映了后期墨家的思想。有关墨家的主张和活动亦见于《荀子》《韩非子》《庄子》《吕氏春秋》《淮南子》《抱朴子》等书中。

“言信行果”是墨家在诚信思想上的基本观点。《墨子·兼爱下》说:“言必信，行必果，使言行之合，犹合符节也，无言而不行也。”这句话是说要言出必行，行必果决，使得言行相符，就像合验符节那样，没有一句话是只说不做的。符节，是古代朝廷用以传达命令或调兵遣将以及军中通行的凭证。符以竹木或金属为之，上书文字，剖分为二，朝廷和持节之人各执一半，合之以验真假。符节本身就是保证立信双方诚实守信的工具，言行一致如同符节相合。为达到这个目的，就必须加强自身的修养，做到志强智达，言信行果。因为，只有意志坚强的人才能克服一切艰难险阻，贯彻兼相爱、交相利精神；有发达的智慧，才能获取广博的知识，明辨是非，守道坚定；只有言语信实，才能得到人们的信任，保持美名，广结宾朋；只有行为果断，才能及时赏善罚恶，把兴利除害之事办好。这里需要注意的是，言信和行信是有区别的，言信指的是“言合于意也”(《经上》)，即言语反映内心的真实情感，而行信指的主要是言出必行，言行一致。《墨子·耕柱》里有这样一句话:“言足以复行者，常之。不足以举行者，勿常。不足以举行而常之，是荡口也。”这句话是说，能够付诸行动的言论应当多说，不能付诸行动的言论就不要总挂在嘴边。否则，那就只是信口胡言的“荡口”之言。

关于墨家重视言行一致的事例有很多，我们可以列举其中的两个。墨子使弟子公尚过去见越王，越王听了公尚过的话以后非常佩服，便想向他的老师墨子进一步求教。越王许诺如果墨子能来，他便将夺自吴国的五百里土地封给墨子，公尚过答应了他的请求。越王于是准备了五十辆车子，让公尚过去鲁国迎接墨子。到了鲁国，公尚过禀告墨子说:“我将您的主张讲给越王听，他非常钦佩，一定要劳驾老师去一趟越国。他还说，如果您答应的话，他愿将夺自吴国的五百里领地封给您。”墨子听了却说:“你看越王的用意怎样？你知道越王这是为什么？假如越王能接受我的主张，而予以践行，我愿成为他的臣子，去接受与我身份相称的待遇。现在他是否能实行我的主张尚不可知，却想用过分的待遇引诱我，我才不上他的当！假如越王无意施行我的主张，而我却老远跑到越国去，我不是去出卖道义吗？既然是出卖道义，那就在鲁国卖好了，何必跑到越国去卖呢？”

又有一次，墨子命令弟子胜绰去辅佐好战的齐将军项子牛，想安排胜绰在项子牛身边，可以随时劝阻项子牛的侵略行径。可是，胜绰不但阻止不了项子牛，反而与他同流合污。项子牛三次出兵侵略鲁国的行动，胜绰都参与其中。墨子知道了，很是生气，便派另一位弟子高孙子到项子牛那儿，对项子牛说：“我是来为胜绰请长假的。我老师之所以让胜绰来辅佐你，是要他矫正你的骄慢，制止你的野心。但是胜绰得到你的厚禄之后，却将道义出卖了。他不但不谏止你侵略鲁国，反而与你同流合污。这好比要马前进，却鞭打马的前胸而使马后退一样。我老师墨子说，满嘴道义，却不实行，等于是将道义蹂躏。胜绰对于这个道理应该是非常清楚的，他是明知故犯。他的利禄之心战胜了道义的心，为利禄而出卖了道义！”

之前我们已经提到，在孔子看来，是非不分，善恶不辨，一味只求言守信用、行为果敢是不可取的，但他不是全盘否定办事坚决果敢、说话守信用的人。孟子又发挥了孔子这一思想，说：“大人者，言不必信，行不必果，唯义所在。”他并不是一概反对“言必信，行必果”，而是反对因小信而失大义，认为一切言行应以合于义为最高标准。而在墨子看来，讲话不守信用的人难以成就事业，人们在日常生活和交往中说话要坚守信用，不违背诺言，说到做到，言行一致，始终如一。这是否就意味着墨子将义抛于脑后而不顾，只是一味求信呢？其实，墨子也是非常重视义的。《贵义》云：“子墨子曰：‘万事莫贵于义……争一言以相杀，是贵义于其身也。故曰：万事莫贵于义也。’”《天志下》也说：“天下有义则治，无义则乱。”墨子的“义”与儒家的“义”都含有合乎道理而恰到好处的内容，但墨子强调义就是利，认为利是义的标准和实质，离开利讲义就没有实际意义。他指出义之所以为天下的宝物，就是因为“义”可以利人。在墨子看来，义与利是一致的，能带来物质利益的，就是义了，“有义则生，无义则死；有义则富，无义则贫；有义则治，无义则乱”（《天志上》）。墨子将“天下之大利”“人民之大利”“国家百姓之利”作为人们行为的最高伦理标准，因而他讲的利主要是人民的公利。同时，他又不一概反对私利，他反对的是损人利己的自利。因此，墨家主张义利统一，义利并重。后期墨家则将义与利统一起来，以利释义，以利代义。因此，对于兴利除害的言行一定要言出必行，言行一致，因为只有这样才会带来更多的公利，才能“兼相爱”、“交相利”，也就能获得更大的义。也就是说，在墨家的思想体系中，言行之信是义、利的保证，义、利的获得又必须依靠墨家仁人这种诚信的精神。这也是墨家学派强调刻苦力行、具有“摩顶放踵利天下”精神的思想根源。

《耕柱》记载说，一个名叫巫马子的儒者对墨子说：“你行义，别人未必就会佩服你，鬼神也不见得降福于你，你还要去做，真是有狂疾！”墨子反问道：“现在假定你有两个仆人，一个看见你时就做事，见不到你时就不干事；另一个看见你时做事，不见你时也做事。这两个人，你喜欢哪一个呢？”巫马子说：“我当然喜欢那个看见我时做事，不见我时也做事的。”墨子说：“那么，你也是喜欢有狂疾的了！”可见，墨子行义，不是为了自己获得名声与利益，他之所以孜孜不倦，目的就在于为社会奉献自己的光和热。这成就了墨家“天下为公”的侠义精神，一直为后世所称道。孙中山的“天下为公”思想也是吸取了墨家思想中的精华，他认为墨子所讲的“兼爱”与耶稣所讲的“博爱”是一样的。

诚信不仅对于个人、社会而言意义重大，对于国家也是如此。在墨家构想的古代治世的图景之中，诚信也是其中重要的因素。在墨子看来，古代的明王圣人之所以能称王天下、统领诸侯，是因为他们忠实爱民，为民谋利，忠诚守信，而且使人民看到有利可图，所以人民对于圣王，终身都不会感到厌恶，至死都不会感到厌倦。这里的“忠信”与利民爱民的功利思想密切相关，所忠所信者必定也是为民兴利除害的言行与主张。只有爱民利民、为民立信，统治者才能对民众发号施令。墨子非常看重是非标准的统一，但又认为“尚同”必须以利民爱民为基础。古时候建国设都，设置各级官长，并不是让他们高高在上以获得爵位俸禄，过富贵淫逸的生活，而是要他们为天下万民兴利除害——使贫穷的富有，寡少的增多，危险的安定，混乱的得治。因此，要使人民做到尚同，就必须切实爱民利民，并保持诚信。否则，人民就不可能供其使用。归根结底，就是要统治者将他们的着眼点放在爱民利民之上，只有这样才算是忠信，只有这样才称得上是正义。因此，我们就不难理解墨家将“所信不忠，所忠不信”(《七患》)作为国家的七大忧患之一。在墨家看来，只有先保证民众的物质利益，才可以要求他们在道德水准上有所进步。此外，国君治国必须正确运用赏罚手段，赏善罚恶得当才能做到令行禁止。

既然诚信对于国家如此重要，那么把诚信作为举贤的道德标准也是墨家的必然选择。墨子说：“凡我国之忠信之士，我将赏贵之。不忠信之士，我将罪贱之。”（《尚贤下》）又说：“不义不富，不义不贵，不义不亲，不义不近。”（《尚贤上》）这里所说的“忠信之士”、“仁义之士”是指那些能忠实于“兼相爱，交相利”，并且努力将其展现为现实的人，也就是墨家所谓的“兼士”。如果这样的贤能之士掌握了政治权力，就能保证墨家“兼爱相利”政治理想的实现，也就实现了最大的正义。

《贵义》篇记载说，一次墨子从鲁国到齐国，遇见一个老朋友。那个老朋友对墨子说：“现在天下人都不肯行道义，而你却偏要苦苦地去追求，你还是停止吧！”墨子说：“假如有这么一个人，他有十个儿子，只有一个儿子愿意耕田，其余的九个儿子都坐享其成，那么这个人就不能不更加努力地去耕田了。为什么呢？因为吃的人多，而耕田的人少。现在天下既然没人肯行道义，你就应当勉励我更加努力才是，怎么反倒拦阻我呢？”《公孟》篇则记载，一个叫公孟子的儒者看不惯墨子积极地宣扬自己的道义主张，认为这样费力不讨好。墨子则反驳他说：“你错了，如今是个乱世，人们没有正确的是非标准。现在求美女的人很多，美女虽然不出来，却有很多人去追求她；但是求善的人太少，如果不努力去劝说，人们就不会知道了。现在假定这里有两个人，都善于卜卦起课，一个出外替人卜卦，另一个待在家里不出去。我问你，这两个人比较起来，哪一个的生意会好呢？”公孟子说：“出去给人卜卦的生意好。”墨子说:“行义和这相同,出去向人家劝说,功效也较大。所以,我为什么不出去多多宣传、劝人相信我的主张呢?”在行义的路程上,能多一个人便多一分力量。所以,墨子苦口婆心地向别人宣传他的主张,总是希望多吸收一些同道,即使是曾经毁谤他的人,他也不排斥。因为对于道义的施行,绝不是一个人的力量可以做好的。

总之,墨家对道义的忠诚和信守是他们“诚”思想的重要组成部分,这种思想背后所体现的对于人民利益的重视以及积极救世的精神也正是墨家学说的可贵之处。因此,梁启超曾说墨子是个小基督,事实也证明,以墨子为代表的墨家的确表现出一种牺牲自己以拯救世人的魄力。

第三节　法令之信:法家对“诚”的关切

法家是战国时代的一个重要的思想政治派别,《汉书·艺文志》列为“九流”之一,其学说以法治为核心,起源于春秋时的管仲、子产,发展于战国时的李悝、商鞅、申不害和慎到等人,战国末期的韩非则为其集大成者。可以说,法家的法治理论为秦朝封建化改革和中央集权的建立与加强提供了理论根据。西汉以后,独立的法家学派逐渐消失,其法治思想被吸收到儒学的体系中。

一、“商鞅立木”中的真诚精神

法令若要推行，首要应解决的问题是如何取信于民，特别是当新的法令准备颁行而民众又处于游移观望的态度时，只有树立威信才能保证法律落到实处。对此，商鞅采用的是“立木为信”的做法。《史记·商君列传》记载说，商鞅至秦后，秦孝公以他为左庶长，推行新法。一系列法令制定出来后，为了表示法令信而不欺，商鞅令人立三丈之木于国都市南门，然后贴出告示说，有能将此木移至北门者就赏给他十金。国民感到莫明其妙，没人敢移动此木。商鞅又将赏金提至五十金。果然有人将木移至北门，商鞅依约就给了那人五十金。这一立木取信的做法使百姓确信新法是可信的，统治者推行新法的举措也是真诚的，于是法令就得以顺利推行。后来，商鞅又惩罚了破坏变法的秦国太子，更进一步在国人面前确立了法令的严肃性和权威性，并最终取得了变法的成功。

商鞅不仅做到了以信立法，还对诚信发表了一系列的看法。在商鞅看来，仁爱的人能够对别人仁爱，却不能够使别人仁爱；正义之士能够关爱别人，却不能够使别人相互关爱。因此他得出结论说，仁爱和正义是不足以治理好天下的。圣人自己有诚信的品德，又有让天下的人不得不诚信的办法。这种办法不是别的，就是“贵法”，当然法令真正能够起作用的前提是“法必明，令必行”（《画策》），这无疑是在强调法令与诚信的重要性。商鞅的思想见解集中在《商君书》中，其中《修权》篇里，商鞅认为治理国家有三大法宝：一是法律，二是信用，三是权力。可以说，这样的表述体现了法家思想的精髓。君主掌握权力才有可能推行法令，有了法令而不能赏罚必信，法令也只是一纸空文。为了法令能够很好地得到推行，君主必须大公无私地施行赏罚，该赏者一定重赏，该罚者一定重罚，只有这样，才能收到"民信其赏，则事功成；信其刑，则奸无端"（《修权》）的效果，才能为臣下做好诚信的表率，使他们"不敢为邪"（《垦令》），才能使诚信成为"君臣之所共立"（《修权》）的治世准则。总之，在商鞅看来，诚信是治国之要，是法令能否推行的前提条件。此外，他还把是否争取到百姓的信任看成是变法成功与否的必要条件。由此可见，他在变法之前的一系列举动绝非突如其来，而是经过精心策划的改革大戏演出前的一次预演。

二、法家赏罚诚信思想背后的人性考量

《韩非子》是法家的重要著作之一，全书五十五篇，大部分是战国韩非自著，少数篇章为后人增补或由他书窜入。韩非认为法、术、势三者都未尽善，只强调其中一个方面是片面的，于是他纠正了申不害言术、公孙鞅为法的偏颇，综合了他们的长处，又吸收了慎到的势治，强调法、术、势都是君主统治的法宝，从而形成了以法为基础，法、术、势三者相结合的系统的法家思想。可以说，韩非综合了秦、晋、齐法家各派之长，为法家思想的集大成者。

同其他法家一样，韩非子首先要强调的是赏罚之信。他指出，

六国之君说要奖赏却不给予，说要惩罚却不执行，赏罚不守信用，所以将士们不愿为其拼死。如今秦国公布法令，实行赏罚制度，区别对待有功者与无功者，致使那些即便刚从父母怀抱之中脱离出来或者有生以来没有见过敌人的百姓们，一听说打仗，便都士气高昂，他们跺着双脚，赤膊上阵，冒着利刃、踩着炉炭奋勇冲锋，拼死于阵前的比比皆是。也就是说，只要统治者赏罚有信，就能让民众信任他们，从而为之冒死而战。反之，赏罚不信，则禁令不行，那么就只能是“国虽大，兵弱者，地非其地，民非其民也”(《饰邪》)的情形了。当然，诚信不仅表现在赏罚方面，做君主都得面对太多的复杂情况，但树立政治上的公信力、利用诚信治国安邦是他们必要的选择。《外储说左上》说:“故明主信，如曾子杀彘也。”韩非认为君主若在小事上都能讲求信用，那么在国家大事上便能建立起信用。可见，信用需要靠点滴积累而成。晋文公问箕郑该怎么样救济饥荒，箕郑回答说要守信用。文公接着问该怎样守信用呢，箕郑说:“信名，信事，信义。信名，则群臣守职，善恶不踰，百事不怠；信事，则不失天时，百姓不踰；信义，则近亲劝勉，而远者归之矣。”《外储说左上》还记载了晋文公攻打原国的故事，说的是攻打原国时晋文公带了十天的粮食，于是就与大夫约定在十天内拿下原国。但十天后还是没有打下来，便鸣金而还。有一位从原国逃出来的士兵说:“如果晋军再坚持三天的话，就可以占领原国。”群臣和身边的侍从都劝晋文公说:“原国已经粮断力竭，君主暂缓收兵吧。”文公却说:“我同战士们约定了十日而还，因此现在必须收兵，否则就是失去了信用。得到原国而失去信用，这是我不愿意做的。”于是就收兵回国了。原国人听说这件事之后说：“像他这样守信用的君主，我们怎么能不归顺呢？”于是便向文公投降。卫国人听到后也说：“像他这样守信用的君主，怎么能不归顺呢？”结果也向文公投降。孔子知道这件事后，记录下来说：“攻打原国却一同得到卫国，是因为讲信用啊。”总之，诚信是个系统的工程，关系到治国理政的方方面面，是君主事业成功的重要条件之一。所以，韩非会把“有信而无诈”（《安危》）作为安定国家的“七术”之一。

这里要提到一点，法家的诚信观念背后有着人性论的根据。人性自私是法家的共同认识，是法家伦理思想和政治思想的理论基础。管仲强调人性趋利避害，统治者就是要利用民众这种特点来统治天下。慎到提出“人莫不自为也”（《慎子·因循》）。他也认为治理天下应该依据人的这一特点。商鞅也说：“民之性，饥而求食，劳而求佚，苦则索乐，辱则求荣，此民之情也。”（《商君书·算地》）因此，君主应当根据人的这一特点来驾驭民众。韩非把法家所主张的人性自私观点推到了顶点。他列举了社会各阶级、阶层的事例，说明人们在行为动机之中，“皆挟自为心也”。（《韩非子·外储说左上》）鉴于此，韩非也提出要按照人性来治理天下：“凡治天下，必因人情。人情者有好恶，故赏罚可用。”（《韩非子·八经》）因此，可以说赏善罚恶之信起作用的根本机制就源于人们趋利避害的本性。君主了解民众的本性，知道一旦自己能遵守赏罚的约定，人民就会为了利益而不顾生死。所以，赏罚之信之所以有效果，与其说是民众被君主的人格魅力所吸引，毋宁说是对利益综合衡量的选择。

不只是君与民之间在诚信上有着利益的考量，君与臣之间也是如此。在韩非看来，臣子拼尽死力去换取君主的爵禄，君主设置爵禄来换取臣下的死力。君臣之间，不是父子那样的亲属关系，而是从计算利害得失出发的交换关系。既然君臣之间也是一种交换关系，那么我们就不难理解《备内》里说："人主之患死于信人，信人则制于人。"妻子的亲密与儿子的亲爱尚且不可以信任，其他的人就更没有可以信任的了。总之，在韩非看来，做君主的不要相信任何人，或者说是不要相信人。人的仁义忠信是靠不住的，靠得住的只有一样东西，那就是法！要求人信，不如追求信法，“法刑苟信，虎化为人，复反其真”（《扬权》）。法令、刑罚如果能信实地执行，老虎也会改造成人，重新恢复做人的本性。

第四节　“兵以诈立”：兵家的“诚”思维

兵家是春秋战国及汉初从事军事活动和军事理论研究的学派，《汉书·艺文志》将兵家著作分为权谋、形势、阴阳，技巧四家。综合来看，兵家探讨和阐述战争的指导原则和一般方法，这些原则和方法主要有先计后战、先发制人、全胜为上、灵活用兵、知己知彼、因势利导等。兵家著述颇丰，《汉书·艺文志》

记有兵书五十三家，七百九十篇，图四十三卷。其中大多已佚，今存兵家著作主要有《孙子兵法》《孙膑兵法》《六韬》《尉缭子》等。

一、“兵不厌诈”

在兵家看来，用兵打仗要善于使诈，要根据是否有利来采取行动，或聚或散都要视具体情况而定。军队行动快速时要迅疾如风；缓慢时要严密如林；进攻时要猛似烈火；驻守时要稳如山岳；隐蔽时要遮如阴云；行动时如雷霆万钧；夺取敌人物资，要兵分几路；开拓疆土，需把守要地；一切均要权衡利弊，相机而动。总之，作战之时要以奇诈多变的谋略来诱骗敌人以获取胜利，这就是孙子所谓的“诡道也”。《韩非子·难一》记载，晋、楚城濮之战前，晋文公对胜利没有把握，便问晋大夫舅犯（即狐偃）：“我将要和楚国打仗，楚兵多，我们兵少，该怎么办？”舅犯说：“繁礼君子不厌忠信，战阵之间不厌诈伪。君其诈之而已矣。”后以“兵不厌诈”指用兵时为了制胜敌人，在策略上有使用诡计的必要。军事行动中的诡诈行为在某种程度上是对“诚”精神的背离，在兵家看来，这种背离有时是必须采取的策略。我们不能简单地做出好坏的评价，而应该具体问题具体分析。

历史上用兵作战中采用伪诈之术的例子数不胜数。鲁宣公十五年，楚国攻打宋国，宋国向晋国求救，晋国派解扬为使者到宋国了解情况。途中解扬路过郑国，郑国人把他囚禁起来并献给了楚国。楚国软硬兼施，希望解扬向宋人提供虚假情报，说晋国不会派兵救宋，以使宋国放弃抵抗。解扬起初并没有答应，但后来又佯装同意。楚国人带着解扬来到两军对垒的阵前，让他依照原来的承诺向宋国人喊话，然而解扬却乘机传达晋君的意思，号召宋国的士兵不要投降楚国，因为晋国派出的支援大军马上就要来到了。楚庄王很是愤怒，准备杀死解扬，并派人责问他说：“你既然已经答应了我，现在却又临阵反悔，这是什么缘故？不是我没有信用，而是你首先丢失了它。快去领受你该得到的刑罚吧！”解扬回答说：“君能制命为义，臣能承命为信，信载义而行之为利。谋不失利，以卫社稷，民之主也。义无二信，信无二命，君之赂臣，不知命也。受命以出，有死无賈，又可赂乎？臣之许君，以成命也。死而成命，臣之禄也。寡君有信臣，下臣获考死，又何求？”楚庄王听了解扬的辩解也是无言以对，只好赦免了解扬并放他回去。可见，对正义、正道的维护有时会暂时破坏对诚信的遵守，但“义”的存在似乎又规定了最高级别的诚信原则，二者之间所出现的紧张关系并非不可调和。

鲁哀公元年（前 494 年），越国进攻吴国而战败，越王勾践率仅存的五千残兵退守会稽，又陷入吴军的层层围困，面临亡国之灾。危急关头，勾践采纳了大夫范蠡的建议，决定委屈求和，保存国土，以图东山再起。范蠡、文种等谋士制定了一系列图强兴国的战略，即“破吴七计”。勾践依计而行，开始了长达十三年之久的复仇计划。首先，他派谋臣文种威逼利诱吴太宰伯嚭，并希望通过他向吴王夫差佯装求和。伯嚭果然劝说夫差准许议和，吴军撤兵回国，越国避免了灭亡的命运。随后，为了获取夫差的信任，勾践将治国之权交给文种，与王后、范蠡三人一道去给夫差当奴仆。他卑行慎言，忍受所有屈辱，甚至以“尝粪判病”来讨好夫差。同时，他经常贿赂伯嚭，用计离间吴王与忠臣伍子胥的关系。经过三年的时间，勾践终于取得了夫差的信任，被释放回国。回国后，勾践“卧薪尝胆”，励精图治，休养生息，发展生产，最后终于战胜了吴国，一雪国耻。

战国时，魏国与赵国攻打韩国，韩向齐求救。齐国的田忌率兵进攻魏都大梁，魏将庞涓急忙回师追击齐军。齐国军师孙膑知道魏军一向恃勇轻敌，便采用“减灶”之法迷惑敌人。齐军往西边齐国方向撤退，生火做饭时，田忌命令士兵挖可足够十万士兵使用的土灶，做完饭菜后却不依惯例把这些土灶铲平，目的是伪装齐军仓皇逃窜的样子。到了第二天，减为五万灶；第三天，减为三万个。庞涓误认为齐军已无斗志，士兵逃跑者甚多，便亲率精兵追赶。结果在马陵道遭到齐军伏击，齐军一万名弓箭手埋伏在山道两旁，万箭齐发，魏军猝不及防而全军覆灭，庞涓也被迫自杀。无独有偶，后汉时大将虞诩在与羌人的作战中也在军灶上做文章，他不是减灶，而是增灶，不过也照样起到了迷惑敌人、保存自我的奇效。东汉永初四年（公元110年），羌胡叛乱，侵犯武都（今甘肃成县西）。邓太后认为虞诩有将帅谋略，便提拔他为武都太守。虞诩赴任时，数千羌兵在陈仓（今陕西宝鸡东）、崤谷（今陕西潼关以东）一带阻拦他。虞诩便停军不进，公开宣称上书请求增兵，等增兵到了才出发。羌兵听说后，信以为真，便转攻附近各县进行劫掠。虞诩得知羌兵分散了，便率部日夜兼程，每天疾行一百多里。宿营时，虞诩命令士兵各挖两灶，以后每天再增挖一倍，追赶的羌兵见汉军锅灶日益增多，不知又调来了多少兵马，始终不敢进逼。汉军的一些将领也不明白虞诩多挖锅灶的作用，便问虞诩说：“昔日孙膑减灶而你增灶；兵书上讲一天只能行军三十里，以防不测，而现在我们一天几乎要走二百里，这是为什么呢？”虞诩说：“羌胡兵多，我们兵少，走慢了就容易被他们赶上，快速行军，他们就掌握不到我们的情况。加之每天都看见我们增加锅灶，一定认为是我们等来了援军，人多行速，他们怎敢追我。当年孙膑示弱减灶，如今我们示强增灶，因为态势不同啊！”虞诩领兵疾进，增灶惑敌，终于摆脱敌人的追击，顺利到达武都。

用兵诡诈背后就是对真诚精神的抛弃，以欺骗的手段来破敌制胜。但是，在战场上诈伪不是受人鄙夷的不道德行为，用通俗的话说就是，战场上对敌人的仁慈就是对自己的残忍。所以，对敌用兵必须以“诡诈”待之，不必非要实行仁义，因为战争胜负关系到国家的生死存亡，在国家存亡面前道德规范似乎都是次要的了。但是，兵家的这种在战争中可以不讲诚信的论调遭到其他学派的批评。首先向孙武发难的是荀子，《荀子·议兵》记载临武君与荀子议兵于赵孝成王前，临武君认同孙子的诡诈之道，荀子则不以为然。在他看来，善附民者，是乃善用兵者也。因此，君主用兵的要领是善于使人民归附自己。荀子用“仁人”、“王者”的治国“附民”之道批判兵家“权谋”、“变诈”的制胜之术，开了后世文人儒者否定孙子的先河。

我们应该看到，兵家在战争中提倡的诡诈之道是遵守战争规律的权宜之计，我们不能因为仁义、忠信等道德的美好就否认“兵以诈立”的价值，因为治国与用兵是分属于两个不同层面的活动，正所谓“以正守国，以奇用兵”(《汉书·艺文志》)。发生在晋文公身上的一个例子可以很好地说明这个问题。春秋时期晋文公将与楚国在城濮开战，晋文公询问大臣咎犯，面临大军压境的状况，应该采取什么样的措施。咎犯说，如果是做仁义之事，君子就要“不厌忠信”（即努力做到诚信）；如果是和敌军开战，则“不厌诈伪”。因此，面对和楚军将要交战的现实，咎犯鼓励晋文公大胆使用阴谋诡计。后来，晋文公又去请教了另一位大臣雍季，雍季回答说：“以放火烧毁树林的方式来猎兽，尽管所获的猎物会很多，但将来肯定会到无兽可猎的地步；对敌人不诚实而工于诈伪，虽然一时能够获得很多利益，但到最后一定会无利可图。”真正到了两军交战的时候，晋文公还是采纳了咎犯的计谋，而没有听从雍季的建议，最终大破楚军。得胜回国之后的论功行赏，晋文公首先重赏的却是雍季而不是咎犯。左右大臣就有点看不懂了，他们认为城濮之战的胜利全靠咎犯的计谋。晋文公说：“咎犯之言，一时之权也；雍季之言，万世之利也。吾岂可以先一时之权而后万世之利也哉？”群臣听了晋文公的这番话，也觉得雍季的说法很有道理，诚信作为大“义”确实是永远而普世的真理。

二、赏罚之诚

兵家更多的是把诚信定位为对于军队将领的一项要求，并且这主要就军令赏罚而言，与法家的法令之信相似。《孙子兵法·计篇》说：“将者，智、信、仁、勇、严也。”智，是指高明的智谋才能；信，是指严明的奖惩；仁，是指官兵团结有爱；勇，是指战时身先士卒；严，是指严格军队纪律。孙子认为只有具备这五条，才称得上是一个称职的将领，才能使士卒跟他一起赴汤蹈火、同生共死。同时，在对军队进行道义教育的同时，还要用军纪、军法统一步调。如果对士卒只施仁爱、不加约束，对违纪者不严肃处理，那就是赏罚不信，这样的军队如同“骄子”，是不能打胜仗的。《六韬·论将》也要求将帅勇敢坚定、充满智谋、爱护士卒、赏罚有信、忠诚不二。《孙膑兵法》认为将领应具备“忠”“信”“敢”三种道德品质：“安忠？忠王。安信？信赏。安敢？敢去不善。”（《孙膑兵法·篡卒》）即要忠于君主，忠于国家；对下级要言而有信，赏罚严明，秉公行事；严于律己，敢于纠正各种不良行为。可见，诚信无论对于治理百姓还是治理军队而言都非常重要，它关系到民众是否归附、信赖和军队的战斗力是否强大。在尉缭看来，赏赐要如同日月那样明显，信用要如同四季交替那样确信，法令要如同斧钺那样威严，兵器要如同干将宝剑那样锋利。只有严明赏罚，才可以使士卒用命，而且能禁止奸诈邪恶。司马穰苴也主张赏罚之信，更可贵的是，《司马法》强调赏罚要及时。奖励及时，可以使官兵很快懂得做好事的益处；处罚及时，可以使官兵很快看到做坏事的害处。他还强调赏罚要掌握好尺度：大胜时不赏，官兵都不会骄傲自大，也就不会形成高低贵贱之分；大败时又不罚不诛，官兵都会自我反省，进而总结教训，同样的错误不会再犯。这正如《六韬·赏罚》所言的那样："凡用赏者贵信，用罚者贵必。赏信罚必于耳目之所闻见，则所不闻见者莫不阴化矣。"凡是给予奖赏，贵在严守信用；凡是实行惩罚，贵在一定实行。对耳闻目睹的事这样去做，那么那些还没有发生的事，无不暗地里由坏转好。言外之意是，有功必赏、有过必罚的赏罚之信能够引导人们弃恶从善。

吴起是战国初期的军事家、政治家，兵家的代表人物之一。他曾经担任魏武侯时的西河郡守，驻地的对面就是秦国。秦国在两国边界上建有一个类似于烽火台的哨亭，吴起准备攻下它。因为不除掉小哨亭的话，会对魏国当地的种田人构成很大危害；要想除掉小哨亭，现有的军事力量严重不足，但又不值得为此征调军队。后来吴起想到了一个办法，他命人在北城门外放置了一根辕木，然后通告民众说："谁能把它搬到南城门外，就赏给他上等的田地和住宅。"起初人们将信将疑，并没有人去搬它。后来有人真的去搬了，吴起立即按照通告行了赏。不久，吴起又在东城门外放置了一石赤豆，并通告百姓说："谁能把这石赤豆搬运到西城门外，就会像先前那样赏赐给他上等的田地和住宅。”与上次不同的是，这次人们抢着去搬它。吴起看时机已到，就下令道：“明天我们将要攻打秦国的哨亭，谁先攻上去，我就任命他做国家的大夫，并赏给他上等田地和住宅。”进攻开始后，人们争先恐后，不到一个早上就拿下了。正是有了在赏罚上的诚必不二，吴起才取得了军事行动中的胜利。

总之，基于兵家注重兵战的特殊性，我们发现他们的诚信思想主要集中于将领严明赏罚时的诚必不二。因为，只有严明的纪律才可以保证军队的战斗力，才可以保证君主在春秋战国的纷争时代立于不败之地，获得更大的生存空间。因此，我们可以说，兵家在主张“兵以诈立”的同时也非常注重“诚”的力量，只不过他们的诚信与儒家传统意义上的诚信有着不小的区别罢了。

第四章

“精诚感应”：“诚”观念在汉代的发展与演变

经过上文的分析，我们可以发现，“诚”既是一种道德规范，又是一种思想范畴。前者偏向于实践的领域，而后者则主要体现为理论的探讨；前者所蕴含的内容较为稳定、单一，而后者则体现为较为深刻的多样性。需要指出的是，鉴于“诚”范畴在汉代发展的特殊性，我们对汉代“诚”观念的讨论主要集中于哲理性、思想性的探讨。

“诚”是儒家哲学的重要概念，它既是先哲对于形而上之天道的本质性的规定，又是伦理道德修养的内在情感根基。先秦儒家“诚”观念主要在“天道——人道”的框架之内展开，是天人合一思维的重要纽结，是儒家特别是思孟学派哲学建构的重要环节。通过对“诚”观念的分析，我们既可以看到儒家对真实性、超越性之宇宙本体的追寻，又可以看到他们对于人之真诚情感与良善本性的规定。人们追求、体认“诚”道的过程之中伴随着直觉的认识方法和神秘的情感体验，这往往为现代提倡确证的科学知识论所激烈批判。但是，知识论上的无效并不能掩盖“诚”学建构的现实趋向，在“成己”与“成物”的互动之中人们发掘了“诚”的规范性意义与实践性价值。

到了两汉时代，儒家“诚”观念基于一种政治上的需要似乎找到了更可以发挥效用的广阔时空，但在更加重视天人之间相互感应的思想背景之下，“诚”观念自身的神秘体验成分被全方位地激发出来，这种神秘性发展到极端也就不可避免地走向了一条大讲阴阳灾异的虚妄不实的道路。因此，为了重新回归“诚”观念的实在性与现实性，对天人感应、阴阳灾异论断背后“诚”思维的解构也就成了汉代思想家们一种必然的选择。

第一节　汉初“诚”观念的生动实践与理论创构

如果结合历代政治发展来考察作为一种道德规范的“诚”观念的话，我们就很容易发现这样一个事实：君、臣以诚为人处事往往是一个时代出现盛世的必要条件之一。汉代的开国皇帝刘邦是中国历史上杰出的政治家，他出身低微但为人豁达大度，曾废除秦朝苛法而与关中父老约法三章，从而逐渐赢得了民心；楚汉争霸前期因实力不济而屡屡败北，但由于他能知人善任，又注意联合各地反对项羽的力量，终于反败为胜。需要指出的是，刘邦以及很多辅佐他成就王霸大业的将士大臣可以算作是践行“诚”道德的生动代表。在还没有建立汉朝的公元前 206 年，刘邦率所部挺进关中，进抵霸上（今陕西西安市东），王子婴投降，秦朝灭亡。刘邦入关后废除秦朝的严刑苛政，召集诸县父老豪杰，约定说："法三章耳：杀人者死，伤人及盗抵罪。余悉除去秦法。"（《史记·高帝本纪》）刘邦这种与民立约的诚信气魄甚至也震撼着他的对手，项羽的谋士范增曾经对项羽说："沛公居山东时，贪于财货，好美姬。今入关，财物无所取，妇女无所幸，此其志不在小。"（《史记·项羽本纪》）《汉书·高祖本纪》还记载，一日刘邦置酒洛阳南宫，他希望列侯诸将不要对他有所隐瞒，要说心里话，请大家谈论为什么他能称王天下，以及项羽之所以失天下的原因。可以说，这种交流形式本身就体现出刘邦对于君臣之间以诚相待的渴望。高起、王陵指出项羽失掉天下的重要原因是怀疑贤德之人，高祖则认为他们只知其一不知其二，他自以为能够战胜项羽的关键在于自己做到了知人善任，而项羽之所以败亡也是由于不能信用谋士范增。这一疑一信的对比之中既体现了刘邦政治智慧的高超，也反映了君臣之间以诚相待的重要性。臣子忠诚事君还不够，如果君主也能信任忠诚信实之臣子，如此上下一心，才有可能成就一番大业。

不只是刘邦，他身边的一些重臣谋士们也都是诚实守信的典范。汉朝开国大将韩信父母早亡，家贫如洗，他既不会经商，又不愿务农，生活常常靠他人的接济。他曾经寄食于一亭长家里，时间长了，亭长之妻很是厌恶。一日她故意提早做饭，还悄悄地在床上就把饭吃了。韩信知其用意之后，发誓再也不到亭长家去了。有一天，韩信在河边钓鱼，遇见一位在水边漂洗衣的老妇。

老妇看他饿得可怜，就一连给他几十天的饭吃。韩信说：“日后我一定重重地报答您。”老妇生气地说：“大丈夫不能自食其力，我可怜你才给你食物，岂是希望你报答！”后来，韩信成就了一番大事业，但他没有忘记自己的诺言，在任楚王时找到了当年给他食物的老妇，并给了她一千两金子。秦末天下大乱之时，韩信先是投奔了项羽，但由于不被重视就转投刘邦。刘邦很重用他，很快就给他加官封王。在韩信消灭楚将龙且后，项羽曾托策士武涉劝他脱离刘邦，与楚联合，并答应灭汉后与其平分天下。韩信义正词严地回答道：“臣得事项王数年，官不过郎中，位不过执戟，言不听，画策不用，故背楚归汉。汉王授我上将军印，数万之众，解衣衣我，推食食我，言听计用，吾得至于此。夫人深亲信我，背之不祥。幸为信谢项王。”（《汉书·韩彭英卢吴传第四》）一席话，反映了韩信诚实守信、忠诚为主的决心和品质。后来蒯通又来游说，但韩信仍然没有动摇，而是铁心跟随刘邦。

西汉王朝的另一位开国功臣陈平小时候家里也很贫穷，但他好读书，为人也很正直。秦末大乱之时，他也是先投奔项羽，后来也因不被信用而转投刘邦。不料竟有人污蔑他曾与嫂子私通，还贪污军饷。刘邦责问举荐陈平的魏无知，无知为陈平辩解，希望刘邦在用人之际不要过于吹毛求疵。后来，陈平又进行了一番解释，消除了刘邦的疑虑。刘邦登基后大封功臣，陈平被封为户牖侯，但他认为自己无功，故辞而不受。刘邦不解，陈平说如果没有魏无知的推荐，自己也不会有所成就。刘邦听后，认为陈平是个诚实“不背本”的人，于是也赏赐了魏无知。

汉文帝时的大将军周亚夫治军严明，信守军规。一天，文帝到各军驻地慰劳。去霸上和棘门劳军时，文帝一行不受任何阻碍便直接进入军营了，而且将领们都下马迎送。当文帝去细柳营时，情况就迥然不同了。官兵们如临大敌，文帝竟然被阻于营门外。原来周亚夫规定，军营之中只听命于将军，没有他的军令，任何人都不能进入军营。文帝只好派使臣持虎符告诉周亚夫，说是皇帝前来劳军。这样，周亚夫才传令打开营门。不过，营门官告知说：将军定下了规矩，在军营里车马不许奔驰，文帝只得让马夫勒缰徐行。周亚夫以军礼见汉文帝，没有下跪，只是握着兵器作了一个长揖。文帝见此，心中为之一动，没有生气，反而郑重其事地倾身抚了抚车前横木表示尊重。文帝慰劳完毕之后，周亚夫并没有远送，仍然紧闭营门，严整如故。见此情形，群臣皆惊，以为周亚夫如此怠慢皇帝会受到处分，然而文帝却再三称赞说：“呀，这才是真正的大将风范！”一月之后，文帝提升周亚夫为负责维持京城治安的中尉，文帝临终时还嘱咐景帝说，万一军情紧急，周亚夫是可以做统帅的。

类似的君臣诚实守信的例子还有很多，在此不再赘举。虽然这些故事背后可能还掩藏着许多计谋、伪饰的成分，故事的主人公也许并没有从始至终都以诚信为准绳，但这并不会抹杀掉他们曾经因为诚信为人、诚信处事所体现出来的人性光辉。

以上主要是从道德规范的层面来考察汉代的“诚”观念，而从哲理层面来说，汉代早期的“诚”思想可能受到了《文子》等著作的影响。《文子》中有《精诚》一篇，专言天人之间的精诚感应。“精诚”观念首先出现于《庄子·渔父》中,《渔父》是战国晚期的作品，其有关“诚”的论说受到了儒家“诚”观念的影响。相较于儒家的“诚”思想，道家把“诚”与精、气、神等观念结合起来，对其进行了改造，但继承了“诚”动天人的思路。通过考察《文子》和《淮南子》中关于“诚”的思想，我们就会发现，相较于先秦“诚”观念来说，汉初“诚”的思想有两个重要的趋向——一是更加强调天人感应的神秘性，一是更加注重经世济民的政治性。

古人对于天地万物的运动变化保持着一种惊奇的态度，并把这种变化的原动力归结为天的运作。因此，对于天，古人发出了“神明”的感叹。《庄子·知北游》说:“今彼神明至精，与彼百化，物已死生方圆，莫知其根也，扁然而万物自古以固存。”天的这种不可知测的运作过程被思孟学派冠以“诚”的规定性，并且，人在心性的层面能够达到与天的贯通，即通过“思诚”、“诚之”的后天努力就能成就明达天道的境界。与这种借助于心性论建构而说明天人贯通的思想模式不同,《文子》《吕氏春秋》《淮南子》等主要通过“气动”的观念来论证天人之感通:“精诚发于内，神气动于天。”(《文子·精诚》)“故诚有诚乃合于情，精有精乃通于天。乃通于天，水木石之性，皆可动也，又况于有血气者乎?”(《吕氏春秋·具备》)什么是“神气”呢?它又为何可以“动于天”?从根本上来讲，“精”就是“气”，《管子·内业》说“精”乃是“气”的精华，“气”是先秦表达物质构成之元素的概念，“神”则是对气运作时所显现之妙用的描述。因此，“精气”必定是神妙之气，“神气”之说得以建立。那么“道”与“气”又是一种什么样的关系呢？在道家看来，“道”虽然是万物生成和变化的主宰，但是由于其杳冥无垠的特色，使得宇宙论的建构颇有些抽象化的虚玄。因此，道家又拈出一个“气”字来作为道之作用的物质性基础，万物都是道借由类似于阴、阳之类的精气生化而成的，由此宇宙自然包括人在内在气的层面实现了统一。精气不仅是构成万物的基本元素，对于人而言，人自身的性质也是由其构成的。精气藏于心中，正是“道”的运作在人的体内起作用而形成人之本质。我们现在常说的“精神”一词，其实就源于这种对人之本性的规定性。如果我们把“精”看作“气”的话，那么“神气”就只不过是“精神”的另外一种表达方式而已。“精神”一词在《老子》中还未出现，但到了《文子》《吕氏春秋》《淮南子》等文本里则成为极为重要的观念，它成了与人性命攸关的概念。精神作为人与道之间的中介物，与万物之间能够感应是其非常重要的特色。因此，为了能够更为明确地说明此一中介物质的沟通作用，道家后学提出了“精诚”的概念。这里的“诚”明显受到了儒家“诚”论的影响，《中庸》《孟子》的“诚”论正是在天道性命的关系上倡言天人合一的，并且强调至诚能够参赞化育、预知祸福，这为天人感应的学说提供了依据。可见，汉初这种“道—心—精—诚”

的逻辑架构显然是儒道思想结合后的产物。此外，又因为万物统一于气，人心中的"精气"也就能与诸如自然界的春生之气、秋杀之气等呼应感动。表现在社会政治的层面，人事之"气"也与自然现象相互感应，政治的治乱与自然的常变是可以相互证明的。这样，人与道、人与宇宙万物完成了接续，这也就是道家天人合一观念的另外一种思路。这种思路造就了汉代"诚"观念重视天人感应的神秘化特色，这也从一个细微的角度说明了先秦学术到了汉代出现了大融合的趋势。

汉初"诚"论还沿袭了先秦儒道两家所共同主张的内圣外王思想。我们分析《文子·精诚》篇就会发现，"精"有时也可以理解为道内化为主体心性的部分，而"诚"则是这种内在的道德心性显现为外在事功之时真实无妄的情感状态。先秦道家非常讲究无为而治，对于儒家的仁、义、礼、智采取了一种批判的态度。道家思想发展到汉代，已经不能拘执于原始道家的无为思想，黄老学派的主张便是一种实例。在《文子·精诚》《淮南子·泰族训》等篇章中，作者并没有否定明显属于"有为"范畴的"政令"，相反，集儒、道思想为一体的"精诚"、"诚心"观念反而成为指引法家"赏善罚暴"政策走向正途的根本原则，成为促使万民顺服的重要手段。与此相似，贾谊在《新书·傅职》中也主张君主要"诚于赏罚"，遵循礼义之大道。其实，不唯赏罚，外王层面的"精诚"表现为治国理政的方方面面。不过，看似君主要致力于各种具体的事务，但最根本的一条原则就是顺天而行，即通过天道内化为人性的精诚而自然地处理政事，如此便能达到无为而治的效果。这种政治上的智慧最终也体现为一种感化的力量，但与上文的气感神应不同的是，这种感化是君主对于天下万民的驯服，换句话说就是民众对于君主的心悦诚服。圣王所施行的是真诚信实的教化，这种教化不靠言说而能感动万民，此之谓“贤圣之化”，这也正是汉初黄老无为而治思想的一种体现。

刘汉王朝初立，一切都尚未走上正轨。起初，为了巩固立足未稳的统治，确保自身的长治久安，他们选择了讲求无为而治的黄老之学作为治国的纲领，希望能够通过自己的精诚来感动上天，感化万民，在上获得天道的帮助，在下赢得民众的拥护。黄老之学起到了休养生息的作用，但已经积累了丰厚文治武功的大汉帝国不可能只是满足于无为而治。雄才大略的汉武帝内心之中还留存着因为不自信而产生的惶恐，他希望尽早从天地变化的终极规律以及历史的治乱兴衰中获得政治上的智慧和助力。于是，他发出了天人之间究竟是何种关系的疑问，对于这些问题，当时的一些知识分子纷纷做出回答，其中以董仲舒的回答最得汉武帝之心，因而被刘汉政权所接受并对汉代的政治社会乃至整个封建社会产生了深远的影响。董氏的思想可以被称作政治神学，它“以‘天’为核心，宣扬‘天’是宇宙的最高主宰，以此为基础，进一步论证了秩序神圣、君权神授、祥瑞灾异理论”[1]。我们认为，其政治神学的核心思路主要受到思孟学派

1 / 张荣明:《信仰的考古：中国宗教思想史纲要》，南开大学出版社，2010年版，第80页。

“诚”观念的影响，并发展了附着在“诚”上的天人感应内容，造就了汉代“诚”学的最大特色。

第二节 “精诚感应”论调下的汉代“诚”观念

在中国文化系统之中，儒家文化作为主流，影响深远。儒家学说建立在对经典的诠释与阐发之上，由此形成了所谓的经学。在孔子的时代，他就用六艺作为教材来向学生们讲授，并且还亲自整理编订了《诗》《书》《礼》《易》《春秋》五经，开经学之先。到了汉代，六艺经传以千万数计，经学非常发达。汉武帝顺应大一统政治之需要，罢黜百家，独尊儒术，“五经”成为法定经典，儒家学说遂成为君主专制时代的正统思想。汉代的经学有今、古文两派之分，大体而言，今文经学重视微言大义，强调通经致用，甚至通过附会的形式来对政治产生影响，受到朝廷的重视。古文经学则较为平实，注重名物训诂考证，基本上在民间传授。今文学派的春秋公羊学大师董仲舒综合儒家、阴阳家与法家之说，建立了一整套神学化的经学内容，倡言天人感应与阴阳灾异之说，使儒学与政治之间的关系非常密切。之后经学又与假托神灵的宗教性预言结合，产生了更为神秘复杂的谶纬之说。今文经学、谶纬之学发展到极致之后必然难逃因虚伪、矫饰而招致猛烈批判的命运，遂日渐衰微。神学化的经学对汉代政治的影响极为深远，概括来说：一方面，它为汉王朝的建立以及政权的更换找到了“天命”的因由，使他们可以利用神学化的建构确立合法性的基础；另一方面，它又试图为统治者的治国理政设置“天道”的根据，借用功利化的说教以实现儒家的仁政理想。在这种政治学说的建构之中，儒家传统“诚”观念的影子一直挥之不去。

思孟儒学经过荀子的清理似乎应该能够摆脱那种可能导致虚妄的路径，但汉代儒学的发展看似又回到了荀子所批判的阴阳五行化的天人感应老路上。事实真是如此吗？如果是的话，这又是什么原因造成的呢？如果不是的话，汉代儒学又新在何处呢？

荀子将儒学关注的中心转向了社会政治生活，这与汉代儒学的旨趣是一致的。汉代作为一个新兴的王朝，并没有什么现成的礼法可用，一切都需要重新摸索和建构。汉初一段时间内的无为而治、与民休息策略一方面保障了战乱之后政治的安定与经济的繁荣；另一方面也为酝酿更加“有为”的治国大法赢得了时间。汉人认识到先秦儒家特别是思孟学派的道德哲学因其理想主义色彩浓厚而显得较为迂阔，很难为实际的事务带来明显的成效，因此不能符合汉王朝统一天下的“王政”需要。但是，儒家思想中的仁义、礼制、德刑、教化等内容却又是巩固新政权所必需的，因此对儒家思想进行改造就成为汉初统治者的选择，这个任务落到了以董仲舒为代表的思想家们身上。

董仲舒对儒学进行改造的思路是“在坚持儒学基本原则的前提下，对其他学派中那些有利于封建统治的东西加以充分地吸收，从而丰富和完善自己，使得自己能够更好地服务于封建现实政治"[1]。为统治者服务可以表现为提出一系列治理策略，也可以体现在为统治权转移的合法性提供一套说辞。董仲舒总结秦亡的历史教训，为维护封建大一统的统治秩序，主张罢黜百家，独尊儒术；综合名家、法家，采纳阴阳五行之说，在"天人合类"的宇宙论基础上改造先秦儒学，建立了一个以"三纲五常"为核心的神学伦理思想体系。从此，儒家伦理思想作为封建名教的意识形态，被封建统治者奉为正统，成为中国古代伦理思想的主干。

一、"精诚感应"的信仰

在中国人的思想世界中，"精诚感应"、"精诚动天"是一种非常重要的信仰。人们相信人只要秉持一颗精诚虔敬的心对待某个人、某件事或者某个神明，就会得到他人、社会的尊敬，或者得偿所愿，或者取得意想不到的奇效，有时甚至会赢得天地神灵的眷顾，最终致福禳祸。在天人感应论调以及宗教神秘思想甚为发达的两汉时代，这种只要人们精诚就能获得天之福佑的信仰显得更为普通，这在当时流行的一些神话故事以及谶纬论说中表现得非常明显。

西汉时期编订而成的《山海经》记载着著名的"精卫填海"的传说。《山海经·北次三经》里说，在北方一座叫作发鸠的山上，生长着许许多多的柘树，在柘树上生活着一种奇怪的鸟。的形状像乌鸦，头上的羽毛有花纹，嘴是白色

1 / 黄朴民:《天人合一——董仲舒与两汉儒学思潮研究》，岳麓书社，2013 年版，第 14-15 页。

的，爪子是红色的，它总是发出“精卫！精卫！”的声音，这就是精卫鸟。精卫鸟经常叼着发鸠山上的树枝和石块投入东海里，试图将大海填平。这背后有一个凄美而又感人的故事：原来精卫本是炎帝的小女儿，名字叫女娃。她活泼伶俐，聪明懂事，非常讨炎帝喜欢。有一次，女娃独自一人到东海去游玩，忽然，海上起了一阵狂风，刮得天昏地暗，掀起了惊涛骇浪。巨大的海浪将女娃吞没，她永远不能再回到父亲身边了。当风平浪静之后，她的亲人们对着大海悲切地呼唤，却再也见不到她那可爱的身影了。但是，女娃的魂魄化作了美丽的小鸟，栖身于长满柘树的发鸠山上。她痛恨无情的大海夺去了自己年轻的生命，只要一听见大海的咆哮声，只要一看见大海里翻腾的浪花，她的心中就怒火万丈。于是，她发誓要报仇雪恨，她的办法就是从山上衔来小石子、小树枝，然后展翅高飞投向大海。如此日复一日，年复一年，从未间断。大海嘲笑她的不自量力，但精卫仍然执着不辍。精卫精诚不懈的精神感动了一只路过的海燕，最终他们结为夫妻，生出了许多小鸟。小精卫鸟们和他们的父母一样，都在锲而不舍地做着填海的事业。精卫的精神千百年来一直受到人们的尊敬，晋代大诗人陶渊明就曾经写道，“精卫衔微木，将以填沧海”，热烈赞扬了精卫敢于向大海抗争的悲壮战斗精神。其实，这种锲而不舍的抗争行为背后潜藏的是一种“诚”的力量，因为精卫坚信，只要她能专一不二地对待自己所从事的事业，就一定能实现既定的目标，即使这个目标看起来遥不可及。可以说，“精卫填海”的故事之所以能够长久地感动我们，并不在于生命消逝的遗憾，而在于像孔子那样知其不可而为之的真诚风范。

我们常讲"精诚所至，金石为开"，这其实出自一个发生在汉代的一个故事。据《史记·李将军列传》记载："广出猎，见草中石，以为虎而射之，中石没镞，视之石也。因复更射之，终不能复入石矣。"人们对这件事情感到疑惑不解，于是就有人去请教著名学者扬雄。扬雄说："如果是诚心实意，即使像金石那样坚硬的东西也会为之打开的。""精诚所至，金石为开"这句话就这样流传下来。这个故事告诉我们，只要我们能够集中精力、一心一意地去做一件事情，再大的障碍也能够被破除。这种专一不移的精神其实就是"诚"所蕴含的重要内容之一。现在我们常常用这个成语来形容对人的诚挚足以打动人心，即使对方的心坚硬如金石，也会被真诚的力量所感化。其实，类似的故事还有很多，西汉学者刘向编撰的《新序》记载："昔者楚熊渠子夜行，见寝石，以为伏虎，关弓射之，灭矢饮羽。下视，知石也，却复射之，矢摧无迹。"无独有偶，在同样成书于汉代的《韩诗外传》中也有熊渠子射石的记载。《史记·龟策传》中则把熊渠子写作雄渠。无论故事的主人公是谁，这相似的情节都在说明一个道理，那就是"诚德之至，已形于外"，即一个人的真诚到了极点，就会表现在他的作为上，而这些"形于外"的作为一般来说都是积极的、正面的。

在《吕氏春秋》《淮南子》《新序》《论衡》等汉代著作中记

载着大量铺陈真诚之力量的故事。《吕氏春秋》记载，春秋宋景公时，有一年荧惑星座运行到心宿。按照中国传统的天文学说，这是件非常不吉利的事情。宋景公看到后感到很恐慌，于是便召见史官子韦，向他询问此事凶吉。子韦是一位深谙天文和星象学的太史。子韦说："荧惑星是主管上帝惩罚地上君王和百姓的天官，心宿则是宋国的分野。荧惑来到心宿，这正好预示着将有大祸降临在您的身上。尽管如此，却可以把这场灾祸转嫁到宰相身上去。"宋景公说："宰相是辅佐我治理国家的重臣，如果把死罪转嫁给他，不吉祥！"子韦又说："那么可以转嫁给百姓。"宋景公说："人民是国家之本。如果百姓都死了，那么我又做谁的君主呢？不行，我宁可自己一个人去死！"子韦听到宋景公顾念百姓，便又献策说："这样吧，可以转嫁到谷物收成上。"宋景公说："岁饥民饿必死。为人君欲杀其民以自活，其谁以我为君乎？是寡人之命固尽矣。子无复言矣。"（《新序·杂事第四》）这时候子韦慌忙地跑到殿下，面向北跪在宋景公面前，连拜两次后说："臣荣幸地祝贺主公免灾得福了！上帝虽然高高在上，却能够听到地上细微的声音。方才主公发表的三番道德高尚的言论，上帝必会嘉奖你三次，今晚荧惑就会从心宿退去三舍，主公您也将增寿二十一年。"宋景公疑惑地问："你是如何知道？"子韦说："您有三句善言，就一定有三次赏赐，上帝会命令荧惑移走三舍。一舍历七个星宿，历一个星宿就是一年，荧惑离三舍共历二十一宿，所以您会延长寿数二十一年。如果不能应验，我请求死罪！"这天晚上，荧惑星果真移行三舍。宋景公宁愿牺牲自己也不愿伤害自己大臣、百姓的做法起到了良好的带头作用，如果君主治下的群公诸臣也能有这样的觉悟，这对百姓来说无疑是一种福分。东汉时的谅辅就是具备此种觉悟的代表之一。据《后汉书》和《搜神记》记载，东汉的时候，在广汉郡新都县（今属四川省），有个名叫谅辅的人，他年轻时担任佐史，为人忠诚耿直，为官清正廉洁。后来任从事，大大小小的事情都处理得十分妥当，郡县里的百姓对他都非常敬重。有一年夏天，广汉郡发生多年少有的大旱灾，太守都沉不住气了，亲自跪在郡府中庭，在炎炎烈日的暴晒之下，向上天和四方山川众神灵祈雨，但没有什么效果。这时候，谅辅以五官掾的身份求雨，他慷慨激昂地祈祷说："我是广汉郡守的得力辅佐，不能进谏忠言，没有举荐贤能、贬退奸佞、协调老百姓之间的关系，使得天地闭塞不通，万物焦枯。百姓期盼降雨，没有地方申诉，所有这些的罪过全在我谅辅身上。如今太守已经反省，并且责备自己，在中庭之中通过曝晒自己来求雨，并且派我来向上天谢罪，为民众祈福。太守虽真诚恳切，但还没有感动上天神明。谅辅我现在敢发誓：如果到了中午还没有下雨，请允许我用自己的身体来抵偿人间的罪恶。"于是他就堆起柴火，准备自焚。到了中午的时候，山中云气变黑，雷声隆隆，竟然下起大雨，全郡终于得到滋润。当时的人都说，这是由于谅辅的至诚感动了上帝。故事的真假我们无从考证，其中的迷信色彩还是比较浓厚的，但谅辅尽责爱民的至情与真诚献身的精神却无疑是值得肯定的。

从这两个故事中可以发现，古人相信，统治者如果都能像宋景公、谅辅这样具备真诚为民、诚信为政的崇高觉悟，卓然矗立于天地之间，那么就会感动天帝，得到上天的眷顾，整个国家也会因此而获得吉祥。借用《吕氏春秋》的话来说这就叫“精通”，君主和天帝之间的关系就像儿子与父母一样，一方以诚相待，换来的是对方的感动与应和。

《吕氏春秋》“精通”篇记叙了钟子期夜闻击磬声而悲的故事。钟子期是春秋时人，他非常了解音律，特别是能从音乐中感受到奏乐者的内心世界，他与俞伯牙之间的知音之交一直是高尚友谊的象征。据说，一次他在夜间听到敲击磬的声音，那声音中透出了几许悲凉之意。第二天早上，他把击磬的人叫来，问他为何会奏出如此悲伤的调子。那人答道：“我的父亲因为杀人而抵了命，我的母亲没被处死但做了官府的奴隶，而我也得以苟活，在为官家击磬。小人已经三年没见到母亲的面了，不久前我在街市上见到了母亲，想为她赎身却一无所有，因为连我自身都是公家的财物啊！因此，我感到非常的悲哀。”钟子期嗟叹说：“悲夫！悲夫！心非臂也，臂非椎、非石也。悲存乎心而木石应之。”（《吕氏春秋·精通》）这个故事中内心与乐器之间的互动关系说明了真诚的情感会产生一种强大的感染力量，而古人往往将这种依靠真诚情感的互动比附为理想的君民关系。刘向在《新序》中引用了这个故事，并且评论道：“人君苟能至诚动于内，万民必应而感移，尧舜之诚，感于万国，动于天地，故荒外从风，凤麟翔舞，下及微物，咸得其所。《易》曰：‘中孚。豚鱼吉。’此之谓也。”在刘向看来，君主的内心如果能够萌动最真诚的仁爱之情，天下的百姓一定会受到感动而真心归附他们的君主。尧、舜的至诚之心，感化了所有的诸侯国家，感动了天地神祇，所以连边野之民都接受了他们的教化，凤凰飞翔、麒麟舞蹈的吉祥景象频频出现，就连花草虫鱼这些微小的生物也全都各得其所。《周易》里所言“君主内心诚信，那么连小猪和鱼这些微贱的生物也能得到快乐”就是这个意思了。

《淮南子》是西汉皇族淮南王刘安及其门客集体编写的一部哲学著作，从思想倾向上来看属于道家的作品，不过又糅合了儒、墨、法以及阴阳家等思想。这部书语言幽微含蓄，内容也常常显得诡异瑰奇。在《淮南子·览冥训》中留有大量讲述天人之相通、精诚之感应的奇闻怪谭，反映了汉代天人相类、同类相感思想的发达。例如，晋国的瞽师和齐国的平民寡妇地位低贱，也没有什么权力，但他们专一精诚，锐意而行，最终可以感动九天；又如，周武王讨伐殷纣王，在孟津渡河，但遇到河水汹涌，天昏地暗，而武王秉持正义和赤诚，最终感动上天而息风止波；还有雍门子，在他受到孟尝君接见的时候，非常真诚地陈述其辞，抒发胸臆，抚心放歌，孟尝君则为之抽泣痛哭，不能抑制。据《览冥训》记载，黄帝治理天下的时候任用贤能，调律时节，划分秩序，人民都能安居保命，岁时都能丰饶不凶，百官能做到正而无私，法令清明而百姓有节，路不拾遗而夜不闭户，就连狗、猪等牲畜把豆子、栗子吐到路上也没有忿怒争执之心。总之，黄帝和万民互动以诚，天下呈现出一派诚信之治的景象。这种良好的秩序也赢得了上天的眷顾，当时日月之光明亮，星辰循轨而行，风调雨顺，五谷成熟，虎狼猛禽也有所节制，凤凰和麒麟等祥瑞频现，就连地处边远的国家也纷纷前来进贡。不过，这还不是最高妙的治术，据说伏羲氏崇尚自然，不用智故巧诈，遂至道通于天，德贯于地，人间也呈现出淳朴和谐的景象。正如《淮南子·泰族训》里所指出的那样，在古人看来，精诚动于内心，形气就会感动天地，如此景星就会出现，黄龙就会下降，嘉谷美禾就会生出，河水不会满溢，海水不会汹涌。反之，对于天地没有一颗诚挚之心，违忤天意，暴殄天物，则会带来日月之蚀，五星失序，四时错乱，黑白颠倒，山崩地裂。这就如同《中庸》所言，至诚则能化。至诚是没有止息的，至诚能够使人永远保存一颗竭诚精进之心，久而久之就能在外面表现出明显的征验。与儒家一样，道家也希望统治者持有至诚之心，只不过由于对“天道”之性状的理解有所不同，他们对于如何才能达至“至诚”的看法就表现出明显的差异了。在道家看来，至诚是合乎天道的，而天道是自然无为的，因此只有像伏羲氏那样顺自然而化、行无为之治，才能算是对天地的“至诚”。“至诚”所能达到的效果便是臻至“太和”的境界，而“太和”正是宇宙人生最美好的状态。

“诚”是一种生存的态度，是一种做事情的情态，它对于真实无妄之境界的追求足以成为众德之德。其实，无论是何种德目，当人们对它的遵循足以感天动地、感人肺腑的时候，其背后无不都有“诚”的力量在起作用。中国民间社会流传甚广的“二十四孝”虽源于元代郭居敬所编的《二十四孝图》，但看重“孝”这种品德并将孝子绘为图像加以宣扬的做法在汉代民间就比较普遍了。在“二十四孝”的故事中，我们可以发现大约半数的主人公都生活在两汉魏晋那个时代。例如，“亲尝汤药”故事中的汉文帝，他以仁孝闻名于天下，侍奉母亲毫不懈怠——母亲卧病三年，他几乎到了目不交睫、衣不解带的地步。母亲所要口服的汤药他必须亲口尝过之后才放心让母亲服用。“拾葚异器”中的主人公蔡顺，少年丧父，与母亲相依为命，当时正值王莽之乱，柴米昂贵，蔡顺只好拾取桑葚供母子二人充饥。一天，蔡顺在拾葚的过程中遇到赤眉军，兵士问他为何要把红色的桑葚和黑色的桑葚分开装在两个篓子里，他回答说这是因为他要把红色的桑葚留给母亲吃，而黑色的则要留给自己。赤眉军被他的孝心所感动，送给他白米二斗、牛蹄一只以示敬意。“埋儿奉母”中的郭巨，原本家道殷实，父亲死后他把家产分为两份，给了两个弟弟，自己却独取母亲供养。后来家境逐渐贫困，而此时妻子生下一个儿子，郭巨担心抚养这个儿子会影响对母亲的奉养，于是就和妻子商量埋掉儿子，以便节省些粮食出来留给母亲。郭巨的孝心在悄然间感动了上天，当他们挖坑时，在地下二尺的地方突然发现一坛黄金，上面还写着“天赐孝子郭巨，官不得取，民不得夺”，于是夫妻俩不必再为奉养母亲做出抛弃孩子的无奈之举了。“卖身葬父”的董永相传乃是东汉人。他少年丧母，因避兵乱而迁居安陆。后来父亲亡故，董永为了换取丧葬费用而卖身于一富人家为奴。他的孝心竟然感动了天帝，天帝派自己的女儿下凡，化身为一个无家可归的女子嫁给董永。天女用一个月的时间就织好了三百匹锦缎，为董永还债赎身之后才凌空而去。“涌泉跃鲤”故事中的主人公姜诗，乃是东汉四川广汉人，娶庞氏为妻。夫妻俩都非常孝顺，其家距长江有六七里之遥，庞氏不嫌路途遥远，常常到江边盛取婆婆喜欢喝的长江水。母亲爱吃鱼，夫妻俩就常做鱼给她吃，母亲不愿意独自吃，他们又请来邻居老婆婆和她一起吃。一次因为风太大，庞氏去江边取水晚归，姜诗便怀疑她有意怠慢母亲，于是就将她逐出家门。庞氏并没有什么怨言，而是寄居在邻居家中，昼夜辛勤纺纱织布，并且托邻居将卖布所换得的积蓄送回家中孝敬婆婆。后来，婆婆知道了庞氏被逐之事，于是就命令姜诗将其请回。据说庞氏回家这天，院中忽然喷涌出与长江水相同味道的泉水，每天还有两条鲤鱼从中跃出。从此，庞氏就不必再远走江边，而是直接用这些上天的赏赐来供奉婆婆了。限于篇幅，我们不必再一一列举汉人孝亲的故事了。应该指出的是，以当今的视角来看，有些孝亲的故事不再那么可取了，甚至还显得不太人道，有些扭曲，但是我们不能否认这些主人公所表现出的孝的情感是那样的真诚。与其说是他们的孝的行为感动天地，毋宁说是那一种对待生养自己的父母的真诚态度让他人和上天为之动容。

二、汉代神学化的"诚"观念

董仲舒的新儒学体系对思孟"诚"学最大的发展就是它为"至诚配天""至诚如神""至诚前知"等论调提供了具体的说明，使它们看起来似乎不再那么悠远难知。思孟"诚"论中的"天道"之"天"主要是一个义理之天，是作为道德的本原而存在的，"诚"与"天"之间的合一更多是在德性的层面上的统一。这种学说由于诉诸内心的道德体验，也就难免有幽隐、僻违的特性，与现实的政治、社会和生活还有不小的距离。所以，荀子才做了一个扭转，建立了更具现实精神的新诚学体系。到了董仲舒这里，他借鉴墨子的"天志"、"明鬼"论，使天的神性、宗教性色彩加重，天与人之间的合一不再仅仅以抽象的德性为中介，而直接变成不同人格之间的沟通。也就是说，天变成了一个人格神，是可以对人世行使赏罚权能的"百神之大君"（《春秋繁露·郊语》），是能够给人以道德观念的至善存在。人所要"诚"的对象正是"天"，而君主则是"天之子"，作为沟通天人的中介而存在，其统治的最高原则就是"循天之道"，也就是对于天所启示的真理要真诚地信仰和遵循。这样一来，思孟学派的"诚"就具备了宗教性虔诚情感的色彩。一些思想家将其与某些自然、社会现象联系起来，从正反两方面进行神学性诠释，从形式上改变了思孟"诚"论幽隐的特色，更容易为人，特别是君主所认同和接受。

在董仲舒看来，除了要奉行仁德之教、纲常之准来获得天地、鬼神的积极反馈之外，他还特别强调祭祀的沟通作用。在祭祀中需要全身心地投入，即要重视一个“诚”字。在祭祀中能够做到“诚”就是一种有德的表现。在诚心实意的情感指引之下，人们就会获得福报，这种德福一致的观点其实也正是精诚感应学说的体现。他考察《春秋》经上所记的灾异现象，推导阴阳交感运行的规律，根据这一规律来求雨止雨，制定了一套求雨止雨的方法和仪轨。话说董仲舒任江都相这一年，江都国一带出现了百年不遇的大旱。地里的庄稼都打了蔫儿，地里裂了一寸宽的大口子，庄稼人个个揪心。董仲舒认为这正是教育江都易王刘非的极好时机。一天下午他来到刘非的书房，对刘非说：“大王，这次久旱不雨，是上天对我们的惩戒。咱们不能老琢磨别的，应顺应天意，在各地搞祈天求雨活动，以求五谷丰登。大王你看如何？”江都易王听后忙说：“可以，可以。”董仲舒趁此把“天人感应”的思想也灌输给了江都易王。第二天，董仲舒主持了求雨仪式，他下令江都国将所有的南门都关上，把所有的北门都打开，不准举火，把水洒在人身上。刘非、董仲舒等大小官员都长跪在祭天坛下，求老天爷快快下雨。设坛求雨不久，果然阴云密布，雷声轰隆，下起雨来。春雨如膏，淅沥下落，一连下了好几天，江都国的旱情解除了。祈雨的成功，在董仲舒看来便是上天给予的恩赐。董仲舒不但会求雨，而且还会止雨，他到江都国的第二年，江都国内大雨连绵不断。他建议国君要遵循止雨之礼，废阴起阳，以求得大气中阴阳之气均衡。他要求官吏中官秩在千石以下的官员，夫妇皆在官的，将妻子遣送回家。女子不能到街上走动，男子要用红丝带为腰带，穿红衣服，戴红帽子。将水井统统盖上，防止阴气泄漏。还要把社祠打扫干净，摆上整猪及黍、盐、美酒等。点上香火，击鼓三天，跪拜天地，一边跪拜还要一边由巫祝在旁祈求上天：“上苍啊！您生长五谷本来是为养育万民。现在雨水太多，五谷要淹死了。我们虔诚地把肥猪和美酒敬献于您，希望您能为百姓止雨，排除万民之苦，勿使阴盛阳灭。阴盛而阳灭是不顺天意的。上苍啊！您总在为万民谋福利，下民都在乞求上苍止雨。”内史照董仲舒的要求做了安排，祭祀进行到第二天，天就放晴了，百姓高声呼喊，欢呼雀跃。董仲舒的威名霎时传遍江都国各个角落。

无论是从人副天数的粗疏比附，还是从至诚动人的感应论调来看，董仲舒无疑都是在继承思孟学派以“诚”为核心的天人合一理论基础上又对天人关系作出了新的说明。总体来看，他主要通过引申思孟“诚”学中的神秘主义内容，为封建王权的政治秩序提供神学上的论证。不过，他也将“诚”视为君主所应必须具备的德性之一，这种“诚”既是对天道的遵循与承担，又是对自身行为的检视与督促。又由于儒家的重民传统，“诚”无疑在对君权进行某些限制的同时也间接为民众的利益提供了一丝保障。所以，董仲舒在证明君权神授的同时也申明“天立王，以为民也”（《春秋繁露·尧舜不擅移、汤武不专杀》）。可见，董仲舒的理论并非绝对地为王权张本，在他的思想里还保留着孟子“变置”、“易位”主张的痕迹。不过，在实际的政治运作之中，汉武帝对于阴阳灾异论的接受也是有限的。这是因为，在汉朝经历了初期的休养生息之后，武帝要承担的是开疆拓土、经国济民、速致太平的任务，而董仲舒通过灾异谴告的方式将儒家的理念纳入政治之中，希望王朝统治者把重心放在“纯任德教”之上，这显然不符合汉武帝的胃口。不过，当灾异论自身不断完善、儒家权威得到提升和扩张，以及汉朝由盛转衰这三个条件得到满足的时候，儒家灾异论的影响也就随之扩大了。[1] 于是我们就可以理解为何董仲舒之后的两汉历史中倡言灾异者会蜂拥而起了。

神学化的经学发展到极致便表现为谶纬学说的兴起。简而言之，“谶”是以术数占验之言，诡为隐语，用来预决吉凶之兆，据称这种预言来自天命，符合天意，故又称“符”或“符命”；“纬”则是方士化的儒生附会经义，半为经说，半为荒诞术数之谈，托名孔子，实不足信。由于汉武帝时罢黜百家，独尊儒术，经书在汉代的地位大为提高，神化孔子、附会经义的纬书也应运而生。因为纬书中也有谶语，所以后来就把谶、纬合称，来指代这一时期的神学化的经学。谶纬大体上是以《易经》中河图、洛书的神话传说和西汉董仲舒的天人感应学说为理论根据，借以编造影射性的图谶符命以劝谏时主、改善政治，或为改朝换代提供神秘、权威的根据。王莽曾大力扶持灾异和符命之说。据《汉书·王莽传》记载，王莽曾召集图谶之士，从汉平帝元始四年（公元 4 年）至始建国元年（公元 9 年），编成纬书四十二篇，是为

1 / 参见陈侃理：《儒学、数术与政治：灾异的政治文化史》，北京大学出版社，2015 年版，第 68 页。

汉代第一次编定纬书。《后汉书·儒林列传》记载，东汉光武帝时，薛汉曾受诏校定图谶，尹敏也因其博通经记而被令校图谶，删去为王莽造谶的内容。到东汉光武帝中元元年（公元 56 年）时，编成八十一篇纬书定本，并“宣布图谶于天下”。在谶纬学说的体系之中，精诚感应的思路继续生发，并且达到登峰造极的地步。总的来看，纬书中的“诚”观念继承了传统精诚感应的思路，认为人特别是君主，只要在天地鬼神面前做到至诚，就能够获得它们的积极回应。要么是祥瑞出现，要么是政事顺遂，要么是收到意想不到的奇妙效果。反之，就会遭到祸殃。这里需要注意的是，与董仲舒主要借助于春秋公羊学阐发自己的思想一样，纬书中的“诚”思想也主要是通过《春秋》之学得以显现的。在《春秋》纬书中，儒生们特别强调了至诚的天道对于君主治国理政的示范意义，故有所谓的《春秋合诚图》和《春秋握诚图》出现。在思孟学派的思想中，“诚”是沟通天人的核心观念，人要通过“思诚”和“诚之”的方式来向至诚的天道归趋。对于君主来说，符合、掌握“诚”道更至关重要。《春秋合诚图》和《春秋握诚图》皆继承了先秦儒家的这种思路，但是突出了天人感应之间的神秘因素，制造了许多荒诞迷信的符命、灾异之图谶来迎合或劝告时主。

到了东汉建初四年（公元 79 年），汉章帝召集天下名儒与朝廷官僚集会于白虎观，讨论五经同异，由章帝亲自裁决。其议论的结果由班固撰集成书，即《白虎通》。该书将儒家经义与谶纬迷信结合起来，确立了官方解说五经的标准。其中，《五行》篇论述阴阳、五行与人事的关系。《灾变》篇认为:“天所以有灾变何?所以谴告人君,觉悟其行,欲令悔过修德,深思虑也。”《封禅》篇首论封禅之义,次谈符、瑞之应。《八风》篇论述八风之征候,并把八风对应于八政。《瑞贽》则讲礼物之吉凶瑞祥。这些都与传统“诚”学思路、特别是董仲舒的神学经学一脉相承。《情性》篇说:“五性者何谓?仁义礼智信也。……信者,诚也,专一不移也。故人生而应八卦之体,得五气以为常,仁义礼智信是也。六情者,何谓也?喜怒哀乐爱恶谓六情,所以扶成五性。性所以五,情所以六者何?人本含六律五行气而生,故内有五藏六府,此情性之所由出入也。”这里的“诚”是“信”的同义词,指的是一种内心专一不移的情感和态度。如果仅从字面的意义上来看的话,我们也许不会发现这个“诚”字有什么特殊之处。其实,在这段话中,《白虎通》认为包含在“诚”之内的人的五种德性源于五气,人的六种情感则应合六律。结合《三纲六纪》中所倡言的六纪体系(诸父、兄弟、族人、诸舅、师长、朋友),《白虎通》仿效董仲舒的思路,认为天的结构模式是人类社会组织及个体生理结构的范本,政治、社会上的一切纲纪、制度皆取法于阴阳五行,人道的基础与合理性最终建立在天道之上。这为整个政治社会的秩序寻找到了终极的、权威的依据,为社会大众对于王权统治的服从开辟了宗教的、心理的道路。这里还要特别强调“诚”(信)的特殊意义。在孟子的思想体系中只提到仁、义、礼、智四端,而到了董仲舒和《白虎通》,又加入了“信”,后者还把“诚”等同于“信”。“诚”在五常之中的地位可以说是根基性的，因为，如果没有“诚”作为内心真实的保障，人间之礼终将沦为一种形式，作为礼的内在根基的仁也归于虚妄。精诚能够与天相感通，见微知著，明达事理，而如果不诚的话又如何“独见前闻，不惑于事，见微知著也”呢？可见，不诚就不可能有智。如此，不诚，于天、于人都不能顺遂畅达，又何来“合宜”的“义”呢？总之，如果不能“专一不移”地遵循由天道而创立的伦理规范，整个社会的良性循环就难以保障。可见，与初期强调精诚动天的心性学、气学神秘思路相比，这里的“诚”已经具备了更多的现实秩序的考量，指向了更为具体生动的社会政治生活。

第三节　“疾虚妄”：汉代学者对“精诚感应”观念的批判

我们不能否认两汉思想家们在创立以“诚”观念为中心的天人感应之说时那种试图重建社会秩序、呼唤明君良臣的初衷，也不能否认这种创构曾经在历史的舞台上潜移默化地影响着时代的精神状况。但是，正如欧阳修批判汉儒之学时所说的那样，以精诚感应为精神内核的儒家灾异论说悖离了儒学的正道和本意。并且，当一种学说趋向繁琐、僵化、神秘之时，其弊端必然会逐渐显现，其被人利用的可能性就会越来越大，甚至最终会沦为一种欺骗的手段，也就必然面临被解构的命运。

一、真实与虚妄的早期论辩

董仲舒通过考察《春秋》所记载的鲁文公、许止、赵盾等人的事迹，指明《春秋》一书特别重视人类行为的动机，特别是对于礼来说，即便文饰再繁复也抵不上人心志上的真诚，正所谓“著诚去伪，礼之经也”(《礼记·乐记》)，因此要“好诚以灭伪”(《春秋繁露·玉杯》)。可见，礼乐制度的建构极有可能走向一种只重形式的繁文缛节，难免有虚伪之嫌。特别是对于人之心志的真诚性而言，并没有统一、确定的标准，其自我裁量的随意性比较大，一旦走入某种极端，容易物极必反，走向“诚”的反面了。在西汉中期的盐铁会议上，虚伪与真诚的直接论辩就已经在贤良文学与大夫公卿之间如火如荼地展开了。大夫批评文学未必真有诚意，否则他们的建议就不会不被采纳。贤良则认为，问题的关键在于不怕没有类似于由余、子臧那样具有高明见解的大臣，就怕没有像齐桓公、秦穆公那样能听取建议的国君。贤人、圣人无法纠正不接受规劝的国君的过失。在大夫们看来，这只是贤良文学们的狡辩，他们追求华丽的言辞，但并不合乎实际，更不懂得变通，只是一味顽固守旧，胶柱鼓瑟，而这也正是孔孟皆不被重用的原因。大夫们直指孔门中仲由、冉求等人就是这种华而不实的代表。这一方面是大夫们倾向法家[1]

1 / 例如，桑弘羊重视法家学说，认为“礼让”不足以禁邪恶，必须用法律来约束人们，反对“德治”，主张轻罪重刑，赞赏商鞅“禁奸止过，莫若重刑”的观点，主张连坐之法。在治理国家的方法上，反对人治，强调以法治国。认为不必等待贤相、贤臣的产生，以法治国就可以将国家治理完善。

的立场本身所带来的学术偏见使然，另一方面也反映出了儒家对“诚”的过分强调，特别是为了追求诚而不断增加礼义教化之文饰的倾向所引发的走向虚伪的可能性。此外，在对自然灾害的看法上，针对文学贤良所秉承的“为善于下，福应于天”（《盐铁论·水旱》）、“好行恶者，天报以祸”（《盐铁论·论灾》）的诚动天地、天人感应的传统神学思路，桑弘羊等人坚持朴素的唯物观点，指出水旱、丰歉等都是天之所致，阴阳之运转变化都属于客观自然现象，对于那些不容易被常人所理解的论调，大夫们奉劝文学贤良要详细地说明它们的原因，如果不懂就不要随便乱说，以免乱人听闻，这就是所谓“务在事实”（《相刺》）的理性精神。在法家看来，真正要“诚”的对象是法令，即要令行禁止，赏罚诚必，而不能只陶醉在“诚”德的虚幻效果之中。这与汉初《文子》《淮南子》及贾谊的思想遥相呼应。

在对待匈奴的问题上，文学贤良们强调诚信的道德感化力量，认为君主只要以德为政就自然会感化四方，匈奴自然归附，根本不需要用武力去解决。大夫们则认为试图用诚信的力量去感化本性狡诈的匈奴是不知权变的危亡之道，是根本行不通的。同样是基于诚信的力量，贤良文学们秉承儒家一向的道德理想主义态度，认为礼乐仁义足以教化万民，严刑峻法只能加深危机，所以治国理政无须倚重于法令。大夫们则推崇法治，认为法令本身就是一种教化、防范的力量，它可以使人民走在一条符合规矩的道路之上，防止他们为所欲为、邪恶残暴。相反，道德礼让不足以禁止邪恶，也不能停止暴力。如果没有法与势作保障，贤能之人的治理也无从谈起。

如果说《盐铁论》中的真诚与虚伪之辩主要停留在政策抉择的层面的话，那么到了谶纬盛行的年代，对于精诚感应论调的神秘化、虚伪化的批判就成了主流。刘向生活在谶纬神学非常发达的两汉之际，他的思想里难免会存有很多天人感应的成分，但是，他又指出在天人相感的关系中人为的因素起主导的作用，即所谓“天之应人，如影之随形，响之效声者也”(《说苑·君道》)。此外，他还对禨祥、祭祀、卜筮、占梦等迷信活动进行了批判，强调德政的重要性，指出“贵天”的本质就在于贵民，主张统治者要实行宽惠爱民的政策。在天人关系上，刘向的重点明显在人不在天，人不能只是听任天的摆布，因为“神不胜道，而妖亦不胜德”(《新序·杂事》)，这在妖言惑众的年代里不愧为一种清醒的认知。

同样活动于两汉之际的桓谭著有《新论》一书，该书内容主要就是反对谶纬灾异，他主要从两个方面入手：其一，在形神的问题上，他强调形体对于精神的重要性，把个体超升性的神秘主义重新拉回现实的形体。在桓谭看来，形体是精神的载体，如同蜡烛之于火焰，有蜡烛才有烛火，有形体才存精神。人体的生死如同蜡烛的明灭，神仙方术所说的“养神保真”，只会让人恢复健康、延年益寿，却无法改变衰老死亡的规律。其二，在阴阳气感的问题上，反对谶纬神学，把天致赏罚的神秘主义重新放置在人事的作为之下。他认为灾异变怪是一些正常的自然现象，上天惩罚、谴告的说法是没有根据的。那些"符命"、"遣告"之说，完全是奸巧之人的妄言。他指出："圣王治国，崇礼让，显仁义，以尊贤爱民为务。是为卜筮维寡，祭祀用稀。"(《新论·言体》)这无疑是在批判阴阳五行、谶纬迷信的空疏虚伪之弊，重新申明人事之努力的重大意义。

二、王充对"精诚感应"学说的批判

谶纬神学的兴起为汉代的"诚"观念掺入了更多的神秘主义因素，也使得"诚"学之于政治的意义更加深刻。同样，其弊端也会愈发明显。上文中我们已经论述到，《白虎通》在谶纬经学的影响之下扩展了由传统"诚"观念而来的神秘主义与政治倾向，适应了东汉时期加强以君父统治为核心的封建宗法政治的需要。但是，与神秘化和政治化的"诚"论相伴随的往往是虚伪性和欺骗性，从某一方面而言，这走向了追求真实无妄的"诚"观念的反面。其实，早在《白虎通》成书之前，王充就已经意识到这些离大道真理越来越远的论说的虚伪不实，正所谓"伪书俗文多不实诚"(《论衡·自纪》)，"虚妄之言胜真美也"(《对作》)。于是，他前后花费三十年的精力从事着"疾虚妄"(《佚文》)的工作，力图对西汉经学的天人感应内容和当时流行的谶纬迷信思想进行全面的批判。《论衡》一书大量讨论了"诚"的问题，可以说，王充找到了天人感应、谶纬神学背后真正的学理机制（即诚感神应之说），进而对其展开了质疑和猛烈的批判。

首先，对于精气感应学说，他也认为“元气”是天地万物的物质基础，人作为万物之中的智慧者，亦生于天地元气。但是，他强调异类不相感，明确提出了“物生自类本种”（《奇怪》）的观点，指出帝王、圣人根本不是奇怪之物的后代，这是对今文经学、谶纬神学将君权神化的直接回应，更是对天生圣人、君权神授之政治说教的抨击。王充认为，鬼神这类虚幻不实之物也是由气之运动变化所造成的。如果与他的形神观结合起来，我们就会发现其气一元论的真正意义。王充继承了桓谭的形神观念，认为精气必须依赖于形体，形体死亡，知觉即告停止：因此，形体一灭，便无所谓鬼神之气的存在了，世间根本没有什么死人的灵魂存在。既然鬼神都不存在，那么即便是圣人也不会有感通鬼神的能力了。《尚书·金縢》记载说，有一次周武王得病，周公曾请求上天和祖先希望允许自己代替武王去死。对此，王充评价说，周公和董仲舒一样罔顾所崇拜之物是否真实存在的事实，只是一味地表达精诚。但是，既然对象都不存在，这精诚又怎能达到既定的目的呢？由此，诚感神应之说的虚妄不言自明。王充的气论一方面否认了感应的发生机制，最大幅度地保留了元气的唯物主义性质；另一方面，他又从形神关系的角度直接否认气感神应学说之神秘端的存在。这样，在天人感应链条上的两端都被他打断，世俗之鬼神迷信、禁忌和祸福报应之说也就不攻自破了。

其次，批判天能感应人间善恶、生出灾变以示赏罚的虚妄言论。王充指出，世俗之人信仰至诚感天之说。例如，汉儒宣扬火星靠近心宿是一种灾变，预示着上天要惩罚宋景公，后来只是因为景公说了几句好话便感动上天，最终免除了灾变。王充对此提出了怀疑，在他看来，天是一种与人不同的物质实体，人不了解天之所为，同样，天也不能知晓人的行为。所以，赏善罚恶之说是说不通的。人只有七尺之形、微弱之气，即便能振动阴阳之气，但又怎么能从地上一直感动到天上去呢？王充指出火星靠近或离开心宿，是因为它遵循自己的运行规律，就像地震一样，只是一种正常的自然现象。因此，宋景公之事根本就不是什么上天保佑善人、因诚致福的体现。言外之意就是至诚动天之说是虚妄不实的。《论衡·感虚》篇更是集中火力对汉儒宣扬的精诚感动天地和鬼神的荒诞言论展开批判。当时，儒生利用古代传说编造了许多宣扬天人感应的故事，如：汤遭旱灾，自责祷雨之后上天就为他降雨；杞梁之妻哭致城崩，等等。这些故事把曾被思孟学派鼓吹的诚能动天和董仲舒宣扬的天人相感的学说渲染得活灵活现，在当时流毒很深，影响极坏。王充在本篇中列举了十五个典型事例，逐一加以驳斥。他继承荀子的天人相分的思想，明确指出自然界有自己的运行规律，决不会因为人的主观情感而改变。他认为天道自然无为，自然界是无目的、无意识的，是不受人的“至诚”影响的。例如，他说：“精非不诚，所用动者小也。且所欲害者，人也，人不动，天反动乎？”（《感虚》）“夫贤明至诚之化，通于同类，能相知心，然后慕服。蝗虫、闽虻之类也，何知何见，而能知卓公之化？”[1]总之，一切灾异乱象绝不是上天的有意安排，更不是由于人们“精诚”而感动了上天。无论君主的政治怎样，都不能影响“春生而秋杀”的自然规律；无论人如何至诚，终究不能使冬变热、夏变寒。他指出汉儒鼓吹的君主以真诚感动上天的言论都是“伪书游言”，是断然不可信的。由此，他还特别批判了当时盛行的各种精诚动天理论的实践形式——巫术、祭祀，把这些宗教性神秘仪式的欺骗性揭示了出来。以董仲舒为代表的汉儒对以歌舞祈雨的雩祭非常热衷，认为大旱之时君主只要举行雩祭以求得上天的宽恕，旱灾就会消除。在《论衡·明雩》篇中，王充针锋相对地指出水旱灾害是天气运行的自然表现，即便举行雩祭求雨的形式，最终也不会有任何补益。即便君主不祭祀、不祷告，天也会在该下雨时下雨，该放晴时放晴。总之，人既不能以操行感动上天，上天也不会根据人的德行来谴责世人。所谓的天人感应不过是人们对灾变的主观反应而已，说到底只是触景生情而引发的怪诞体验。退一步讲，王充认为，即使儒生宣扬的这些事情都是真的，也只能是人们的行动和自然的变化偶然巧合而已，和人的精诚与否毫不相干。

再次，批判一种夸大化了的精诚德性的现实功效，将增饰在真诚情感上的不实成分予以剔除。为了宣扬仁政和“法先王”的政治主张，有些汉儒吹捧尧舜之德、文武之隆，并有意夸大其词。此外，他们还拼命赞扬董仲舒勤

1 /《论衡·感虚》。按：句中“卓公”指作为东汉“云台二十八将”之一的卓茂，据称他为缑氏令时，“蝗不入界”，有人认为这是由于他的贤明至诚感动了虫蛇之属。

读《春秋》之精诚以至于“三年不窥园菜”，想以此来鼓励世人尊孔读经。王充根本不相信这种事，他认为，人的精力有限，需要一张一弛，董仲舒怎么可能三年之内都保持精力集中的状态？儒书还竭力鼓吹所谓弘演的“忠”，高子羔的“孝”和荆轲的“勇”，王充则对其一一进行驳斥，明确指出这些都是因为“好增巧美”的夸张说法，并不是事实。他还借用熊渠子、养由基、李广射寝石的故事说明人之“诚”的力量是没有儒生们所夸饰的那种实际效能的。所谓“射寝石”，是指熊渠子、养由基、李广等人集中精力去射箭，箭不但射入了石头，连箭尾羽毛也被石头吞没。王充从客观实际出发，指出人的力量是非常有限的，拿射箭为例，根本不可能出现儒书中所言的情形。可见，王充认为“诚”的效果既不可能感通于天地鬼神，又不可能悖逆于客观事实。由此，他就从理论上把儒生给“诚”所附加的神秘和虚妄击打个粉碎。

最后，强调认识的效验原则，从根本上确立“诚”的客观标准。在王充看来，耳听、口问都无法用来确定事实的真相，就如同只根据妇女的哭泣声而不能确定其为何而哭的事实一样。他主张要做实际的考察，如此才可以确定何者为“诚”。有人曾向王充问难说，佞人善于伪装，又如何能够发觉他们呢？王充借鉴《大戴礼记·文王官人》的方法，指出要判断一个人是不是真诚的，就需要考察他们在乡居邻里的行迹，验证他们在朝堂之上的举止，观察他们供养父母的节操，清楚他们侍奉君主的品德，如果内外不相称，名实不相符，就可能碰巧显现出来，奸邪虚假也就随之被发觉和揭露出来。可见，王充眼中“诚”的最根本的标准就是表里一致、言行合一。这与孔子的主张相契合，也从一个方面表明了他试图恢复原始儒学的真诚精神和努力。

也许人们真正要用真诚打动的不是天上的鬼神，而是与自己一样生活在一个世界的同类。事实已经证明，天人感应、谶纬神学给“诚”观念带来了太多虚伪不实的成分，这世间真正所缺的却是人与人之间最起码的真诚。于是，王充致力于将“诚”观念由鬼神的世界拉回人类的生活，追求纯诚，弃绝虚妄。虽然，他的学说还有太多自相矛盾的地方，甚至不能完全摆脱神秘主义、唯心主义的消极影响。但是，他将“诚”看作两汉天人感应、福善祸淫学说的本质而加以全面、深刻的批判，“称论贬说，以觉失俗”(《对作》)，热烈地呼唤求真务实、理性怀疑的思考，其理论意义不可估量，其批判精神值得发扬。难怪近代国学大师章炳麟如此称赞王充:“正虚妄，审乡背。……汉得一人焉，足以振耻。至于今亦鲜有能逮者也。”[1]

虽然王充的思想闪烁着唯物主义的光芒，但我们也不能过分抬高其“疾虚妄”的努力。经过分析我们可以发现，王充与荀子二者在思想上有一定的相契之处。不过应该看到的是，荀子否定思孟学派天人合一论调的目的在于试图更妥善地推行儒家礼义教化之内容，并致力于政治正义的实现与维护，而王充则认为教化的兴废与国家的安危系于时命:“世之治

1 / 章炳麟:《学变》，见傅杰编:《章太炎学术史论集》，中国社会科学出版社，1997年版，第270页。

乱，在时不在政；国之安危，在数不在教。”（《治期》）这无疑就将作为儒家思想核心的“教”、“政”内容抛于脑后了。可以说，王充的思想虽然针对精诚感应论调下的阴阳灾异思想而发，但对于儒学自身的发展而言，他既不如荀子那样能够站在儒家的立场来对治儒学发展的偏颇，也不能像宋明儒者那样建构一套新的推行儒家教化、积极影响时政的说辞。因此，其“疾虚妄”思想的意义在“破”而不在“立”。

三、汉末至三国追求真诚的余韵

王充之后，以“诚”为武器对虚妄之风气展开猛烈批判、对真诚之言行进行热烈呼吁的思潮仍在继续，但基本上不出王充论点之范围。不过，这些思想对于社会政治的重视更为明显。例如，王符反对当时盛行的谶纬迷信，认为这是统治者欺骗百姓、借以维持其政权的手段。他虽未能摆脱天人感应学说的影响，但在人道的层面确立了各个阶层的“诚”之规范：他希望君主能诚恳明察，并有忧国哀民之诚心；他希望臣子能竭尽精诚地辅佐君主，在政事之中展现自己忠诚正直的节操；他希望民众诚实守信，遵纪守法，不欺诈瞒骗，做到精诚相待。当然，这三者当中最重要的一环还是君主：“忠之贡与不贡，法之奉与不奉，其秉皆在于君，非臣下之所能为也。是故圣人求之于己，不以责下。凡为人上，法术明而赏罚必者，虽无言语而势自治。”（《潜夫论·明忠》）可见，在人事的层面，唯有君主在“诚”的践行层面先行示范，才有可能建构整个社会的真诚风气。

汉献帝时曾应曹操征辟，任黄门侍郎、秘书监、侍中等职的荀悦著有《申鉴》一书。该书认为汉魏统治者在政治上应重人事，“先成民，而后致力于神”（《申鉴·实事》），肯定人事对于吉凶祸福的重要作用，批评卜筮、禁忌、淫祀、方术、谶纬等行为的荒诞，主张在上者应不听受虚言、不做虚伪之事，而应该言必有用、名必有实、事必有功。荀悦认为，政治之术要摒四患、崇五政，这四患之一便是“伪”。为此，他提出君主应以“中、和、正、公、诚、通”为行事的六个原则，归根结底就是要“本乎真实”。这与王充思想里疾虚妄、求真实的理性精神相一致。君主既要以真实为政治之本，具体行事之时又要以诚心相对，正所谓“致精诚，求诸己，立大事，则神明应矣”（《时事》）。不过，荀悦也没有完全摆脱心诚而能与神相交通的流行观念。

作为“建安七子”之一的徐幹，其批判性又强于荀悦，他认为天道迂阔、暗昧难明，对凌驾于人之上的神秘力量表现出了迷惘不解的态度，但又否定了天有意志而主宰人事。他指出人世间的祸福是人们行为的结果，并非天所施予。他也继承了前人的“贵实”主张，承认先有实，后有名；实是名的基础，名是对实的反映。在前文的分析中，我们能明显地感觉到，关于“诚”的争论背后潜藏着虚伪与真实的论争，论争的任何一方都试图将自己的学说定位为真实无妄的道理：神学派、谶纬派认为精诚能够感动上天，幻想天能够施行赏罚；理性派、求实派则直指这种“诚感神应”之“诚”其实是极大的虚伪与妄想。双方都在争夺真诚之“名”的定义权，追求各自所谓的“实”。在徐幹的年代，真伪相冒、名实乖离的“乱德之道”甚嚣尘上，特别是虚伪、僵化的儒家经义、教条已经阻碍了人们思想的解放。这些徒饰其辞的言说已经不符合时代发展的大势，已经缺少了其成为真理的事实效验。无独有偶，与徐幹同时代的仲长统更是反对当时的“天道之学”，即以谶纬神学为主的天人感应之说，指出决定王朝盛衰灭亡的不是儒者所说的天命，而是王朝本身发展的情势，天命不过是“伪假天威”（《后汉书·仲长统传》）的骗局罢了。由此，传统“诚”观念所建构的“天道——人道”体系中的神秘成分得到了进一步清算，其虚伪性也得以再次向世人展现。

历史进入汉末魏晋之时，天下大乱，群雄争霸，各路豪强风起云涌，整个时代呈现出波诡云谲之势态。此时的风云人物虽命运各不相同，但又常常体现出相似的精神风度，例如，他们都非常看重真诚、诚信的力量。身处“上下相疑之秋也”的曹操，为了赢得天下的美誉、吸引各类人才的归附，他必然要表现出一种真诚、信义的风范出来，用他自己的比喻来说，这就叫“周公吐哺，天下归心”。曹操的阵营成分复杂，既有东汉王朝的遗老遗少，又有新近招聘和选拔的官员；既有自己培养出来的谋士，又有从别的阵营前来投靠的人员。各种势力之间必然互有猜疑，而此时诚意和信任就显得格外重要，曹操自然明白这个道理，于是就对属下表现出足够的宽容和诚意。辛毗是三国时期曹魏的韬略家，他曾经在曹操剿灭北方袁氏势力的过程中起到重要的作用。辛毗最初跟随其兄辛评为袁绍效力，曹操任司空时曾经征召他，但辛毗并没有从命。后来袁尚在平原郡攻打袁谭，袁谭派辛毗到曹操那里求和。起初，曹操非常高兴，但是过了几天之后，曹操又不想接受袁谭的求和了，而是希望看到袁氏兄弟之间自相残杀。曹操摆酒设宴，辛毗看出了事情的变化，曹操心有不安，便向辛毗确认袁谭是否可以信任，而袁尚是否可以打败。辛毗详细分析了袁氏兄弟二人的性格、作风以及他们之间的利害关系，并指出攻打袁尚要容易得多。鉴于辛毗的据理力争以及之前对他的承诺，曹操虽有所动摇，但最后还是决定与袁谭讲和而去讨伐袁尚。显然，如果没有对待谋士的真诚态度，那么曹操就不会拥有像辛毗这样的足智多谋之士，进而也就不会成就争雄天下的大业。正因为如此，司马光才称赞他“识拔奇才，不拘微贱，随能任使，皆获其用”。

除了对自己的谋士、臣子要讲究真诚信义之外，对于处在或者走向自己对立面的人才，曹操也尽力做到以诚相待。曹操打败了吕布，并且俘获了为吕布出谋划策的陈宫，当曹操决定诛杀吕布的时候，他问陈宫道:“你常常自认为足智多谋，为何又落到今天这种地步？”陈宫认为，正是吕布不能听从他的建议才造成今天这种局面。曹操又问对于诛杀吕布的看法，陈宫认为自己不忠不孝，理应与吕布一道赴死。曹操不想失去这样一位难得的人才，便故意搬出陈宫的母亲、妻子出来，提醒陈宫说如果他死了，母亲、妻子就没人照顾了。而陈宫心意已决，他对曹操说：“宫闻孝治天下者不绝人之亲，仁施四海者不乏人之祀。老母在公，不在宫也。”（《三国志·魏书七·张邈传》）曹操听了他的话，无计可施，但也并没有因为陈宫的决绝而怀恨在心，而是流着泪为他送行。他没忘记陈宫的临终之言，将陈母迎来奉养，直至其去世；等到陈宫的女儿长大之后，曹操又为其操办了婚事。总之，他对陈宫家人的关心和照顾可谓真诚信义。魏种曾经以孝廉而得到曹操的任用，兖州发生叛乱的时候，曹操曾说：“唯独魏种不会背叛我！”但事与愿违，等到听闻魏种叛逃的消息之后，曹操的愤怒可想而知，他说：“你魏种如果不逃到南越或者北胡，我就一定不会放过你！”后来曹军攻下射犬，魏种被生擒，但曹操却鉴于魏种的才能而解开捆绑他的绳索，并且任命他为河内太守，负责黄河以北的政务。同样，对于曾经叛变自己、走向自己对立面的张绣、毕谌等人，曹操也是尽量以真心诚意去感化他们，而不是一味地赶尽杀绝。当然，我们不能否认，曹操的做法难免会有“权谋”、“作秀”的嫌疑，但通过向天下显示自己宽大的胸襟、诚信的作风而赢得有识之士的趋附，无论何时都是一条可行之道。

与曹操同时代的著名历史人物诸葛亮之所以能够“受六尺之孤，摄一国之政，事凡庸之君，专权而不失礼，行君事而国人不疑”，其中很重要的原因在于他秉持诚信的精神去对待君主和臣民。诸葛亮结庐于南阳，躬耕于隆中，在出仕之前已经博览群书、胸怀韬略，并且希望能像管仲和乐毅那样匡治天下。刘备投靠荆州刘表后，刘表令其驻守新野，防守曹操。刘备也和曹操一样，为了日后的大业而广揽人才，受刘备器重的徐庶极力称颂诸葛亮的才能，刘备随即听从徐庶的建议亲自前往诸葛亮的草庐拜访。刘备以一种真诚的态度延请卧龙先生出山，留下了“三顾茅庐”的佳话；而诸葛亮也为刘备的至诚之心所感动，于是就向刘备陈说天下之形势，并指出了成就霸业的可行路径。刘备以其诚心换来的是诸葛亮竭尽精诚地辅佐蜀汉。君臣之间肝胆相照，这一点在“刘备托孤”这件事情上表现得最为显著。蜀章武二年（222）秋，刘备在夷陵被东吴陆逊打败，于白帝城中一病不起。次年春，刘备病危，遂将诸葛亮从成都召来，准备嘱以后事。他先是称赞诸葛亮才能过人，足以完成安国定邦的大业，然后希望诸葛亮能够辅佐自己的儿子刘禅，最后他补充说：如果刘禅不堪扶持，那就请卧龙先生取而代之。诸葛亮听闻此言，顿时感激涕零，他说：“臣一定尽力辅佐幼主，忠贞不渝，死而后已！”刘备又告诫后主要像对待父亲那样尊重诸葛亮，昭告群臣自己已经托孤于诸葛丞相。刘备死后，政事无论大小，一律决定于丞相，而诸葛亮一直以先帝临终之托为己任，鞠躬尽瘁，夙夜无怠。诸葛亮对蜀汉的拳拳精诚之心在《出师表》中表现得淋漓尽致。蜀建兴五年（227），诸葛亮筹划北伐大事，以期实现先帝北定中原、兴复汉室的遗命。但是，他也看到蜀汉国力微弱，再加上后主愚暗懦弱，远远不能与刘备相比，这让他十分焦急。因此，在出师之前，他上疏刘禅，诚恳建言，希望后主能够广开言路，集思广益；依法治国，赏罚分明；亲近贤臣，远离奸佞。此篇上疏中十三次言及"先帝"，一方面表达了诸葛亮对于刘备的感激与怀念，另一方面也是为了激励后主能振衰起弊，光大先帝遗业。总之，"其殷殷至诚，可谓披肝沥胆，感人异常"。[1]

其实不只是对待有知遇之恩的君主和为之效力的政权，诸葛亮在实际的治国理政、用兵打仗中也贯彻着真诚待人处事的原则。诸葛亮治蜀严肃法纪，赏罚分明，上下无别，贯彻了"诚"的原则；他用人唯才是举，无偏无党，以其诚实守信赢得了蜀汉人士的普遍拥戴；他真诚为民，采取了一系列措施以减轻民众负担，为人民造福；更为可贵的是，他自己能以身作则，尽忠职守，廉洁奉公，虚心纳谏，起到了很好的模范作用。在赏罚诚信方面，诸葛亮不徇私枉法，即使是爱将犯了错误也绝不姑息。蜀建兴六年（228），诸葛亮第一次进军祁山，向来为他所器重的马谡违背命令，私自改变军队部伍行阵，指挥失当，导致要塞街亭失守，蜀军败退。蒋琬等人劝谏丞相不可于用人之际随便诛杀智谋之士，诸葛亮以孙武执法严明而能每战必胜之事回绝了大家的谏言，认为在当时的形势之下只有严明法纪才能成就大业，最终挥泪斩马谡。在对待群臣部下方面，诸葛亮也是言出必行，遵守信义。一次，魏明帝率军亲自征伐蜀国，任命司马懿为主将，督领张郃的雍州、凉州劲旅二三十万，秘密行军，直奔剑阁。当时诸葛亮正在祁山屯兵，所带兵马只有十多万人

1 / 曾志华主编：《廿五史解读·三国志解读》，昆明：云南教育出版社，2011年版，第224页。

而已，这其中还有四万人因服役期满，需要退役还乡。在这关键时刻，一旦这四万人离去，就无疑会使本来处于劣势的蜀军雪上加霜。这是横在诸葛亮面前的一道难关，蜀军参佐以下的将士都认为敌人势力强盛，我军力量匮乏，没有一定兵力支援难以制胜。因此，有的将领向诸葛亮建议：让这四万人延期服役一个月，待战事结束后再让他们退役还乡。此时，诸葛亮却果断地说："我统兵作战，一向以信用为根本。获得土地而失去诚信，这是古人经常犯的错误。那些很早就离开家乡、在外征战多年的士兵们，早已整装待发，归心似箭，期盼着与自己的家人团聚；他们的父母、妻儿也早已在家计算征人归期，盼望着与他们早日相见。因此，即使大敌来临，战事严峻，我们也没有理由耽误他们回家团圆的行程，道义不可偏废啊！"于是，他下令各部，让服役期满的老兵速速还乡，早日与家人团聚。此时又应了那句老话，"精诚所至，金石为开"，老兵们被诸葛丞相的诚心所打动，非但没有走，反而更加坚定地留了下来继续战斗。大家纷纷表示："诸葛先生的大恩大德，我们铭记于心，虽死也不忘啊！"这种兵将一心、三军用命的良好氛围也感染了那些本不该回乡的年轻士兵，他们群情激愤，都愿意以死相报，坚持到底。临战当天，士兵们个个斗志昂扬，莫不拔刀杀敌，以一当十，最后杀掉了魏将张迁，击退了司马懿，大胜魏军，取得了最后的胜利。

在对外征战中，诸葛亮也巧妙地利用了"以诚服人"、"攻心为上"的心理战术，赢得了一些重要的胜利。其中，"七擒七纵"

的故事广为流传。刘备死后不久，益州豪族雍闿等人在南中起兵反叛，同时收买了彝族人的首领孟获，以谎言欺骗各族酋长，使得叛乱愈演愈烈。蜀建兴三年（225）春，诸葛亮获悉曹丕征讨东吴大败而归的消息，料想魏国一时没有力量西进，于是就调集兵马，准备亲自南征，平定叛乱，为之后的北伐解除后患。参军马谡指出，南中地势险要、人口复杂，光靠武力征讨是很难收服的。为此，诸葛亮采纳马谡“攻心为上，攻城为下；心战为上，兵战为下”的建议，准备实施政治攻心为主、军事打击为辅的安抚方针。可以说，攻心之计，贵在一个“诚”字。此次南征，据说诸葛亮所到之处，每战必胜，唯有蛮夷首领之一孟获，颇得当地夷、汉民心，而又不肯归服，诸葛亮决定生擒孟获以使其诚心归顺。孟获有勇无谋，第一次就中了诸葛亮的埋伏，被生擒了。诸葛亮劝他归顺，他誓死不从，诸葛亮没有生气，反而带着他到军营里瞧个究竟。孟获看后称：“先前不知道你军虚实，所以才招致失败。如今既已察看你军阵营，如果再能与你交战，我一定会胜券在握。”诸葛亮随即释放孟获，令其再战，不过孟获出兵又中计被擒。如此捉了放，放了捉，到第七次的时候诸葛亮仍然宽宏大量，并对孟获说如果不服还可来战。不过，孟获已经心有所动，他流着眼泪说：“公，天威也，南人不复反矣！”当年秋天，诸葛亮完全平定南中，为了显示对于少数民族兄弟的真诚态度，他下令不留一名汉族官兵，而采取“以夷治夷”的政策，以缓和汉夷矛盾，达到长治久安的目的。孟获也得到了官职，负责管理南方各个部族，诸葛亮班师回成都的时候，孟获送了一程又一程，还拿出很多金银财宝、耕牛战马出来。“七擒七纵”是以真诚换真诚的绝好范例。

第四节　在人不在天：汉代“诚”学的启示

浸润在天人感应、阴阳灾异思潮之下的两汉“诚”观念生而就具备了神秘性、虚妄性的色彩，现代学者对它的反理性、荒诞化更多地持一种批判、否定的态度。但是，我们应该看到，对于作为人格神的“天”的虔诚更多的是对君主德性的要求，儒家神学化、灾异化“诚”观念的出发点是为统治上层确立一种来自至上神明的规范。从理论上来讲，这种悬在君主头上的“达摩克利斯之剑”或多或少是对绝对王权的一种限制，君主无论是出于功利的考虑还是出于内心的恐惧，多少都会检点自己的政治作为，审视王朝的治理策略，希望维持一个长治久安的政权。也就是说，两汉“诚”观念虽然在形式上表现出怪诞的特点，但其实质内容并非就一定是不可取的。君主对“诚感神应”理论的信奉可能会带来上行下效的效果，例如，汉代统治者们所发布的被称作“罪己诏”的文件本身就是写给普通百姓看的，这些文件中充斥着诚致得福、不诚招祸的思路，这虽然是一种迷惑百姓的手段，但其中也有道德教化的内容。这种教化的效果如果能够达成的话，其意义丝毫不逊于君主对于上帝的虔诚。因为，如果人人都能被君主的“真诚”所感召而与他一道委身于人格化的上天，相信它会赏善罚恶，那么也就自然会怀着无比虔诚的心去对待作为天之代表的“天子”——君主。此种“神道设教”的做法在一定时段内可以从情感上确保全社会的紧密联结，起到“收拾人心”的作用。当然，从现代政治学的观点来看，若要对权力进行制约，仅仅依靠一个虚妄的神明所开示的内在自觉是远远不够的，因为那样至多只能造就一个开明的君主专制，自由和民主是得不到根本保障的。

同样，对于汉代那些反思“诚”观念得失、重新诠释“诚”之内容的开明思想家们，我们也没有必要过于抬高他们。首先，他们不是孤悬于汉代“天人合一”、“天人感应”浪潮的抽象个体，他们的知识体系并非那么理性、纯粹，他们的立场也没有那么坚定、如一。例如，对两汉精诚感应学说批判最为激烈的王充并没有放弃对天的人格神性质的断定，他在否定符瑞、感应之论的同时也没有完全与这些阴阳灾异论断撇清关系。又如王符、仲长统、荀爽等人也大谈阴阳气感、精诚动天，与《春秋繁露》、《白虎通》等所阐发的天人感应思想并没有完全划清界限。其次，思想的提出是一回事，其真正发挥作用却是另外一回事，这中间可能要经过一个相当长的时段。何况这些颇具思想解放意义的论断在当时只能算作末流，其影响力就更是大打折扣了。这也就意味着，它们并没有完全实现针砭时弊的意义，甚至是淹没在思想的浊流之中而无影无踪了。例如，从思想发展的角度来看，王充的《论衡》绝对算得上振聋发聩的著作，但据史书记载，这本书完成后却并没有能够在当时流传，因此它对于时世的影响也就可想而知了。最后，即便他们的思想能够广为传颂，也未必能够拨乱反正。我们不能忽略两汉天人合一理论以及谶纬神学体系背后有一个蔚为壮观的儒家经学系统作为学术保障，这个学术系统与知识分子的仕禄命运直接关联。因此，关于“诚”的争论不仅仅基于立场和观点上的差异，它还牵扯到整个政治、社会和文化结构。于是，我们就会很自然地得出结论，如果没有一个足以改变整个既有结构的新的思想体系出现，那么在“诚”观念上的反思还只能算作是一种思想上的闪光。何况与董仲舒天人合一的思想体系相比，这些具有批判精神的论调无论是在深刻性还是在体系性上都还存在一定的距离：“当时儒学的反思律动还未能从高屋建瓴、总揽全局的高度，去对儒家学说重新进行认识，所以这种反思是缺乏哲学思辨意义的，显得零碎，很不系统，就事论事的现象比较严重，这是当时儒学反思律动的又一个局限。”[1] 当然，如果放在整个思想发展史中来看的话，它们又是不可或缺的，如果没有清醒、理智精神的代代流传，中国古代的思想世界很有可能会在虚妄的道路上继续前行。

汉代的“诚”观念着重发展了思孟“诚”论中的外王面向以及神秘主义因素，改变其“一是皆以修身为本”的内在化趋向，具体表现为天人感应、阴阳灾异思潮的流行。虽然它背后有限制君权、神道设教的积极因素，但对于现代社会而言并没有

1 / 黄朴民：《天人合一——董仲舒与两汉儒学思潮研究》，第 272–273 页。

多少值得借鉴的内容。不过，思想的意义未必一定从正面的、积极的维度来实现，反面的、消极的教训同样可以给当今提供借鉴，以汉代的“诚”观念为例可以很好地加以说明。两百多年的刘汉王朝发展到徐幹、仲长统的时代已经风雨飘摇，马上就要被异姓统治者所取代了。纵使他再千般万般矫饰精诚、创制符命、隆重其礼，神灵也不可能助其扭转历史发展的潮流了。虽然汉代虚妄化的“诚”学在一些思想家的批判之下逐渐走向了解构，但是精诚动天、诚感神应的传统观念并没有从政治、思想、文化中得到清除。相反，它在汉代以后的历史中还继续发挥其积极和消极的作用，对中华民族的精神世界影响深远。不过，汉代的风云变幻至少告诉我们，真正主宰历史的应该是人类精诚的力量，但这种精诚的对象不是天道鬼神的神秘信仰，不是天人感应的巧伪虚妄，不是鼓吹君权的专制君王；而是人之为人的才智勇气、求真务实的开创精神、审时度势的政策抉择，内圣外王的终极理想。

我们认为，儒家之“诚”大致有二个层次的对象：上层的天道鬼神，中层的人之德性，下层的伦理规范。天道以其“诚”之本性而引导人要在趋向“诚”的过程中实现本性的具足，人在追求“诚”的精进途程之中也随时随地依据善良的本性显现出符合伦理道德的行为。在这个天人趋于合一的过程中，人的真诚精神无疑具有决定性的意义，也正因此儒家对于“诚”的力量非常看重，两汉以“诚”沟通天人的感应论的流行正是这种思路的极端表现。经过汉代一些开明思想家的内部反思，我们基本上可以得出这样的结论：我们不妨将天道诚体作为信仰以满足现代人对于精神生活的渴求，也应该将儒家“诚”观念所展现出来的道德层面的专一、真诚、信实精神发扬下去，但不应该依赖那些神秘主义的感应言说，更不应该将现代社会的良善治理秩序寄托在所谓“神圣的”“超越的”天道之启示之上。天道只不过是人道的映象，这世界没有什么救世主，如果非要说有的话也只能是具有理性精神的人类自身。孔子也不是什么至上神，他的伟大之处正是为当时的社会指引一条最为符合历史、现实以及人性的发展道路，对于孔门后学对这条道路的理论性修饰和增益我们应该保持清醒的头脑。

第五章

唐宋时代对“诚”的呼唤

经历了魏晋南北朝的动乱和分裂之后，中国封建社会迎来了又一个鼎盛期——隋唐时代。这一时期，中国的经济文化发展水平居于世界前列。隋唐的统治者，特别是唐王朝统治者，出于加强中央集权的政治需要，一方面推崇儒家学说，另一面又尊道、礼佛，实行儒、道、佛并用的政策。儒、道、佛三家伦理思想既相互斗争，又彼此吸收、趋向融合，是这个时期伦理思想的突出特点。在“诚”思想方面，其理论性前与先秦诸子、后与宋明理学相比较而言虽略嫌单薄，但是对于诚信实践的提倡却异常发达，隋唐时代的开明君主以及贤臣良相的诚信实践在中国伦理道德史上留下了浓墨重彩的一笔。

进入宋代，中国的学术思想又发生了巨大的变化，突出的表现便是理学开始走上中国古典学术的舞台。广义的理学产生于北宋，经南宋进一步发展，至元代朱（熹）学与陆（九渊）学逐渐合流，到明代又有新的发挥，延及清代前期始逐渐衰落，而其影响至今犹存，还波及海外如日本、朝鲜等国家。理学主要包括程朱理学和陆王心学，因它以继承维护孔孟之道为己任，强调道统，故亦称道学。它是在儒、释、道三家思想长期互相论辩与相互融合中形成的。与唐代重视“诚”的实践不同，在理学体系中，各个派别的思想家围绕着“诚”的问题，展开了“天道”与“人道”的理论创构，进一步深化了“诚”的哲学性内涵。

第一节　隋唐君臣的“诚”实践[1]

一、真诚的力量

对于唐王朝的开国皇帝李渊，在隋代曾做过“河北县长”的柳楚贤评价说：“唐公名在图箓，动以诚信，豪英景赴，天所赞也。”（《新唐书·儒学传中·柳冲传》）可见，李渊在当时就有诚信之名。李渊从太原起兵后进军长安，沿途攻战取胜行赏时，给参战的奴隶与士兵同等的赏赐，这是赏罚之信的表现，赢得了官兵们的拥护。

唐太宗是以诚信立身治国的典范，贞观之治的出现与唐太宗君臣践履诚信之道是分不开的。贞观元年（627），太宗曾说：“朕看古来帝王，以仁义为治者，国祚延长，任法御人者，虽救弊于一时，败亡亦促。既见前王成事，足是元龟，今欲专以仁义诚信为治，望革近代之浇薄也。”（《贞观政要·仁义》）可见，在即位之初，唐太

1 / 这部分内容主要参考了苏士梅《唐代诚信思想研究》第二章的相关内容，详见苏士梅：《唐代诚信思想研究》，郑州：河南大学出版社 2012 年版。

宗就已经意识到诚信之于国家的重要意义。唐太宗讲诚信，还体现在他通过大力倡导诚信，使君臣之间能够精诚合作，使国家上下形成以遵守诚信为价值取向的开放、自信、和谐的风气。贞观年间，唐太宗在用人方面就偏爱正直、诚实、守信之人。正是因为这个原因，留给后世深刻印象的直谏敢言的风气才会形成。

关于唐太宗以诚待人、以诚治国的例子非常多，我们可以举其中的几个。唐太宗总结隋朝灭亡的历史教训，广开言路，鼓励群臣犯颜直谏。有一次一位官员上书谏言，希望太宗能清除朝中的奸臣。唐太宗反问他谁是奸臣，这位大臣回答不上来，但他给太宗出了个主意:请太宗在与大臣议事的时候假装发火以考验对方，如果对方坚持原则、据理力争的话，他就是正直之臣；如果对方因为害怕触犯皇帝的权威而不敢坚持己见，那么他就是奸佞之臣。太宗听了他的这个建议之后非常不满，他认为在道德操守上，君主应当做表率，如果君主这个“源”本身就浑浊不堪，那么又怎能要求别人的“流”清澈呢？君主如果诡计多端，又怎么能要求臣下耿直公正呢？太宗说他追求的是“以至诚治天下”，他看不起那些玩弄阴谋诡计的帝王，所以就没有采用这位大臣的建议。

白居易《七德舞》一诗颂扬了唐太宗，其中有“死囚四百来归狱”一句，说的是贞观六年（632）冬，他放 390 名死囚回家过年，死囚们遵守约定按时归狱服刑之事。《新唐书》记载了这一事件，因为无一人逃匿，唐太宗将他们全部赦免，但是犯人们却都甘心伏法，一个也没有跑。帝王、执法官以真诚之心待人，公正执法，促成了诚实守信的社会风气，也足以说明太宗以诚待民所产生的感化力量。

类似的例子也发生在武则天时的大臣裴怀古与唐德宗时的大臣吕元膺身上。据《旧唐书》记载，裴怀古为官桂州时，当地有不少穷人落草为寇。裴怀古写信给他们，晓之以理，动之以情，劝他们投降，各归本业。这些人被裴氏的真诚所打动，于是同意投降。裴怀古感觉到了他们也是以真心相待，就准备孤身一人和草寇们谈判。手下的人提醒他说这样太危险，那些人反复无常，一定应有所防备。裴怀古却不以为然，他说真诚自能感动天地，不用过分担心。最后，他还是只身前往草寇的大本营，对方见裴怀古如此真诚而有胆识，都深为折服，纷纷缴械投诚。吕元膺曾被外调为蕲州刺史，囚犯中有人告诉他说："父母在堂，明天是大年初一却不能探望，我以此为遗憾。"说完伤心落泪。元膺也很伤心，就下令打开刑具，放囚犯们回家，并且告诉了他们归还的日期。下属连忙制止，元膺回答说："我以真诚待人，他们怎么会欺骗我呢？"囚犯们果然如期返回。这个故事传开后，境内的盗贼们深感羞愧，都离开了蕲州，跑到别的地方去了。我们先不论唐太宗和吕元膺信及囚犯的故事是否真实，史学家们将这样的事情记录下来，无非就是为了强调诚信之德在感化民众上的重要作用，借以倡导全社会养成诚实守信的良好风气。

其实，如果还要往前追溯的话，这样的故事在隋朝已经出现，《隋书·王伽传》记载说，隋代开皇末年，王伽为齐州行参军，奉命押送囚犯李参等七十余人去京师。按照当时的法律，犯人必须戴枷锁。到荥阳后，王伽哀怜囚犯辛苦，于是集合全部犯人，告诉他们说：“你们犯了刑法，既有损于孝道，又玷污了自己的名声。现在又劳累着送行的士卒，难道你们心中没有愧疚吗？”囚犯们听了他的话之后，纷纷谢罪。王伽又给囚犯们卸去枷锁，与他们约定好日期，让他们自行到京师集合，并对犯人说：“某日当到京师，如不能按时到达，我就会为你们受死。”犯人都十分感动，个个如期到了京师，一个也没有叛逃。文帝杨坚听到这事后，十分惊异，升任王伽为雍令。此事的意义较为重大，它似乎给唐代的统治者们提供了一个绝好的良治模范——法律秩序井然，官府信誉卓著，民众诚实守信，道德自律性很高，就连重罪囚徒都已经闻风向善。

李世民通过“玄武门之变”取得皇位继承权后，孔颖达擢升为国子博士，不久又转官给事中。给事中隶属门下省，为正五品上阶次官员，官位虽不算太高，却靠近权力中枢，是参与国家大政的要职。因此，该职位非皇帝亲信之臣不能担任。孔颖达能在太宗即位之初就入选该职，说明君主对他是何等信任。孔颖达任职期间也是恪尽职守、倾心事主，每每犯颜直谏。唐太宗刚即位，便将八岁的承乾立为太子，在几位师傅的尽心辅导下，承乾有了一定的处理政务能力。但太子也有难以原谅的缺点，他喜欢与阉宦群小狎昵，追求奢华，耽于游畋，这些缺点随着他年龄的渐长而日益暴露。李百药、杜正伦两任右庶子以规谏无效而先后离职，于是太宗命孔颖达代替杜正伦。不久，左庶子于志宁又因母丧离职，繁重的担子压在孔颖达一人身上。孔颖达想尽一切办法劝谏承乾，企望其能改弦更张。诚恳的劝导最初取得了一定的效果，无奈承乾天性刚愎自用，不以为然，仍是恶习难改。孔颖达见各种“软”办法不奏效，便不顾承乾的不满，甘冒“违礼犯上”之罪和丢掉乌纱帽的危险，当面严厉批评李承乾。承乾的乳母遂安夫人感到不安，背后劝孔颖达说:“太子已经长大成人，先生怎能不顾他的面子而那么直率地批评他呢！”孔颖达脖子一梗，斩钉截铁地答道:“做臣子的身受国家厚恩，就应该恪尽职守，为国培养储君，即使粉身碎骨，也无所遗憾！”对承乾“谏诤愈切”，表现出忠直之臣的凛凛风操。[1]

二、《贞观政要》和《臣轨》对诚信精神的强调

《贞观政要》是集录唐代贞观之治时期的政治法律观点和措施的重要文献，编纂者是中宗、玄宗时的朝臣吴兢，该书是他在任史官期间（705—721）逐渐积累材料写成的，写此书的目的是借歌颂唐太宗时代的德政，告诫后世君王要择善从之，以确保长治久安。《贞观政要》专辟《诚信》一篇，将诚信作为贞观时期治国理政的重要原则加以详细说明，突出了诚信伦理的重要作用。该篇以某位臣子上书太宗请求斥退皇帝身边的奸佞之人的故事开篇，接着是一篇魏徵对太宗的上疏，他指出，德礼是为国

1 / 详见曾振宇主编:《儒家故事》，泰山出版社 2012 年版，第 230-232 页。

之基，诚信是君之所保。有了诚信，民众就不会产生二心；实行德政，边远的人民也会来归顺。因此，治理国家必须将德礼与诚信结合起来，共同使用。那什么是“诚信”呢？书中说：“夫诚信者，实心也。有德有礼，而以实心行之，则固善而善终矣，何忧于危亡哉？”（《诚信》）诚信就是诚心实意地去为人处世，做到信实不欺，言行一致。文中引文子的话说：“同言而信，信在言前；同令而行，诚在令外。”反之，说了却不做，则是因为说话者言而无信，接受了命令却不执行，没有诚意。如果不遵守诚信，君王就会败坏名声，臣下就会危及生命。因此，即使身不由己，处境艰难，君子也不应该做有失诚信的事情。

魏徵指出，自从太宗登基，实行王道，至今已有十多年了，神威遍及四方，各国使者前来朝拜，国库日益充实，领土也日益宽广。然而，他却认为太宗的道德和仁义仍然不笃厚，为什么呢？在魏徵看来，皇帝对待臣子的态度还不够诚信，虽然在贞观初期勤于政务，有一个好的开头，但却没能做到善始善终。他举例说，贞观初年，太宗听到好的意见就很惊喜，到贞观八、九年间，仍然乐于听取劝谏。可是，从那之后，太宗渐渐厌恶直言，有时即使勉强接受，也不像早年那般从谏如流了。因此，忠正的大臣，逐渐为了避免触犯皇帝的威严而不敢直言；而那些奸邪之人，正好大肆发挥他们巧舌如簧的本领。他们诬陷与朝廷同心同德的人是独揽大权，中伤直言进谏的人是在诽谤朝政。说一个人结党营私，即使他忠实诚信也会让人觉得可疑；说一个人大公无私，即使他弄虚作假也不会遭受责备。在这样的环境之下，刚强正直的人害怕玩忽职守的罪名，忠诚正直的人担心诽谤朝廷的恶名。于是，中正的大臣不能完全陈述自己的想法，朝中重臣也不能直言规谏。皇帝被迷惑了视听，治政的原则也遭到破坏，妨碍施政、损害德行的原因就是如此。因此，孔子才会说邪佞善辩之人倾覆国家。这里，魏徵着重论述了君主对于臣下的诚信，强调了虚心纳谏对于良好治理秩序的重要意义，这是对传统诚信思想的一种深化和丰富。

魏徵认为，君臣之间相互信任，对于治理国家至关重要，他举齐桓公和中行穆伯的例子加以说明。齐桓公曾经问管仲说："我想使酒在酒器中变坏，肉在容器中腐烂，这样做对治国来说没有害处吧？"管仲说："这样做不好，但对治国也无妨害。"齐桓公问："那么什么会危害国家呢？"管仲说："不能识别人才有损于霸业；能识别人才而不能恰当地任用有损于霸业；任用了又不肯信任有损于霸业；信任而又让小人从中作梗有损于霸业。"晋国的中行穆伯攻打一个叫鼓的地方，一年都攻克不下，馈间伦说："我认识鼓城的啬夫，不必兴师动众，就可以攻下鼓这个地方。"穆伯不搭理他，左右的人说："不用一兵一卒，而鼓就可以得到，为什么不采纳餽间伦的意见呢？"穆伯说："餽间伦的为人，奸诈不仁义。如果他夺取了鼓地，我可以不赏他吗？如果赏赐了他，不是在赏赐奸邪小人吗？如果让小人得志，那就是让晋国的人放弃仁义而宣扬奸邪。即使得到了鼓地，又有什么意义呢？”魏徵评价说，穆伯、管仲是霸主的辅佐，他们尚且能够重视信用，疏远小人，更何况志在一统天下的圣明君主，怎能有损于巍巍盛德呢？

如何才能做到君子小人判然有别，是非分明呢？魏徵认为君主必须用恩德来安抚他们，用诚信来对待他们，用道义来勉励他们，用礼仪来节制他们，然后惩恶扬善，谨慎处罚，明白赏赐。如果这样做了，小人自然就会无处藏身，君子也就会自强不息。如此，无为而治的治国方针，不久就能实现了。如果表扬善行却不能发扬善行，惩治邪恶却不能杜绝恶行，刑罚不加于有罪的人，赏赐不加于有功之臣，那么国家危亡之期，也许不久就要到来，想要使子孙后代永远享受昌盛国运，哪还有什么指望呢？这里，魏徵强调的是赏罚之信，目的是希望君主做到惩恶扬善，分清是非，只有这样才能得到贤臣的辅佐，得到民众的拥护。唐太宗看了魏徵的奏疏后，感叹道:“若不遇公（指魏徵），何由得闻慈善语？”

文章的最后，记载的是唐太宗与大臣们的一段对话，他说:“《传》称‘去食存信’，孔子曰:‘民无信不立。’昔项羽既入咸阳，已制天下，向能力行仁信，谁夺耶？”房玄龄回答说:“仁、义、礼、智、信，谓之五常，废一不可。能勤行之，甚有裨益。殷纣狎侮五常，武王夺之。项氏以无信为汉高祖所夺，诚如圣旨。”这说明太宗和众臣们在为政诚信上，已经达成了一些共识。

总之，《贞观政要》的诚信思想集中在对于唐太宗时期君臣们待人以诚，任人不疑，倡导诚信，将诚信视为处理国家政务大纲的称赞之上，君臣之间的诚信相待以及将诚信用于治国理政也是成就贞观盛世的重要原因之一。

《臣轨》，一作《臣范》，唐代宫廷教材，旧题唐武则天撰，实由其近臣奉敕撰。唐高宗去世之后，武则天以皇太后临朝执政，外有徐敬业等起兵扬州，内有内史裴炎争于朝堂，不过她很快就平息了反对派的势力。为了对群臣的行为做出规定和限制，"故缀叙所闻，以为《臣轨》一部"（《臣轨·臣轨序》）。该规范仿唐太宗《帝范》体例，分同体、至忠、守道、公正、匡谏、诚信、慎密、廉洁、良将、利人十章，各篇均有注文加以阐释，多引叙古训，论说臣僚事君与修身之道。其中的"诚信章"，主要论述上下通诚而相信不疑的道理。

《臣轨》诚信章开篇就说人之情感，没有一个不热爱诚信的。诚实守信的人，他的内心就容易了解。所以孔子说："君上有诚信，臣下就容易侍奉；臣下有诚信，君上就容易了解。"诚信对于君民来说意义重大，不诚信就无法取得君主的爱护，不诚信也无法取得百姓的亲近。所以，如果上下的诚意是相通的，彼此间就会默默信任而没有猜疑；如果上下的诚意并不相通，那么虽然近在咫尺却并不相互信任。这里，武则天强调了君臣之间须讲诚信的必要性，君臣坦诚互信，上下通诚，政治才能清明。

在奠定了基本的论调之后，该篇文章引用了孔子"人而无信"章、《吕氏春秋》"信之为功大矣"、孔子"去食求信"、《体论》"君子修身，莫善于诚信"以及《傅子》"言出于口"的相关文字，意在说明为人必须效法自然信实的状态，把诚信作为处身立世的根本，君臣之间、父子之间、兄弟之间、朋友之间也要以诚相待，这样就可以与神明相感通，在天地之间畅行无阻，一切都会很顺利。当然，由于《臣轨》本身的特殊性，诚信章注重的还是臣下对于君主的诚信。在人才选拔方面，武则天继承孔子“士必悫信而后求智焉”的用人之道和“人无信不立”的古训，认为选拔人才应首先考察他是否具备诚信的品质。如果士人徒有智能而无诚信，这足以帮助他用奸诈的诡计去为乱于国家，如此一来，就如同豺狼肆虐。臣子们只有以诚信“事君上”“怀下人”，才能建功立业。这正如《臣轨》利人章所言:“若使心归大道，情切至忠，务守公平，贵敦诚信，抱廉洁而为行，怀慎密以修身，奉上崇匡谏之规，恤下思利人之术，自然名实兼茂，禄位俱延，荣不召而自来，辱不遣而斯去。”

在《臣轨》良将章中，武则天还谈到了在军事领域里，君主与将帅之间、将帅与士兵之间也应守诚信。只有兵将之间同心同德，将军爱护士兵，赏罚分明，以诚相待，内守廉平之性，外存忧恤之心，才能保证国家的长治久安。武则天又把兵将视为一体，将为心，兵为体，将有诚信，然后卒勇。这就把军队的战斗力也建立在了诚信之上，可见，诚信关乎军队乃至国家的生死存亡。

武则天除了出台提倡诚德的官方文件之外，她在实际的政治活动中也常常能做到以真诚的态度对待臣子。武则天执政期间，非常重视、爱惜人才。当时，徐敬业据扬州起兵反抗武则天，到处散发骆宾王撰写的《为徐敬业讨伐武氏檄》，该檄文用极为严苛的语言攻击武则天。武则天看到后却对骆宾王的飞扬文采与过人才智赞叹不已，并认为这种人不受重用乃是“宰相之过”。武则天时的宰相狄仁杰为人耿直，常常犯颜直谏，不给武氏面子。武则天却对狄仁杰非常尊重，虚心接受他的谏言，还允许其在朝堂之上免行跪拜之礼。狄仁杰去世后，武则天亲自为他主持丧礼，并废朝三日，这在当时乃是人臣的最高礼遇。

总之，唐代对于真诚信实的精神是非常重视的。事实也证明，唐代帝王将相们将诚信用于治理政事上后，效果是非常明显的，贞观之治、开元盛世的出现与唐太宗、唐玄宗朝君臣恪守诚信之道是分不开的。唐代君臣们践行诚信之道，也起到了榜样的作用，这无疑有利于形成和谐的人际关系和良好的社会风气，有利于稳定社会秩序，改善人们的生存环境。不容否认，尽管唐代帝王将相的诚信言行有许多闪光的地方，但由于历史和阶级的局限性，他们对诚信之德的躬行和倡导，从本质上还是出于巩固封建统治的需要，是为封建地主阶级的统治利益服务的。不过，诚信道德本身是没有阶级性的，无论是在政治生活、经济生活还是社会生活中，只要行为主体遵循了诚信的美德，就有利于建构和谐的主体之间的关系，有利于形成良好的社会风气。

第二节 宋明理学视野中的“诚”观念

宋明理学在伦理思想方面的基本特点是，它继承并发挥了孔子在日常现实生活中去实现崇高道德理想的主张，并且把儒家的道德论与宇宙观、本体论密切结合在一起。它还广泛吸收了老庄道家、魏晋玄学及佛学的思想资料，对孔孟所提倡的仁、义、孝、悌、诚、信等伦理道德规范进行了一系列的形而上学论证，创造出了比较完整的理论体系，从而改变了魏晋以来儒门浅薄、笼络不住知识分子的局面。在这样的一种学术背景之下，宋明时代的“诚”思想也得到了很好的本体论的证明，从而有了更为深厚的哲学基础。但另一方面，这也容易造成“诚”思想的抽象化与僵固化，使之失去原有的轻松与活力。

一、心诚则灵：从周敦颐到二程

二程是北宋哲学家程颢、程颐兄弟的合称，二程兄弟第一次把理作为宇宙本体，阐述天地万物的生成和身心性命等问题，奠定了以理为核心的哲学体系。其中，程颢的识仁、定性，程颐的性即理、主敬、体用一源等许多重要哲学概念和命题，对宋明哲学产生了重大影响。在哲学上，二程主张天下只有一个理，“实有是理，故实有是物；实有是物，故实有是用”[1]。程颢在“万物皆是一理”的基础上，对“仁”作出了新

1 /（宋）程颢，程颐:《二程集·河南程氏经说》卷八，中华书局，2004年版，第1160页。

的解说，在他看来，仁是一切道德规范的基础和核心，义、礼、智与信都是仁的表现——义是仁之正当性，礼体现仁有差等，智是知仁，信是忠实于仁。因此，为人的根本就是“识仁”，一切都要以仁作为行为准则，这样就能保存住心中的善性，也就是体认了天理。识仁之后还需要用诚敬之心存之，目的在于使之不会失去，并时刻发挥它的作用，使得人可以时时刻刻都为善去恶。程颐也把理作为支配一切的道德实体，认为仁、义、礼、智、信都是天理在人世间的体现，实际上就把道德原则等同于整个宇宙的最高准则。程颐认为“诚”是实理，又说:“至诚者，天之道也。天之化育万物，生生不穷，各正其性命，乃无妄也。”[1]可见，在他眼里，“诚”是真实无妄之理。由此，我们就可以推测，只要人们自觉地、实实在在地、毫不虚妄地将天之理赋予人的本性践行、实现出来，就会进入一种天人合德的境界之中，就会无往而不利。反之，如果不能以诚立身，他认为危害会很大:“学者不可以不诚，不诚无以为善，不诚无以为君子。修学不以诚，则学杂；为事不以诚，则事败；自谋不以诚，则是欺其心而自弃其忠；与人不以诚，则是丧其德而增人之怨。”[2]所以，他发出呼吁:“学者不可以不诚。虽然，诚者在知道本而诚之耳。”[3]

提到二程，不得不提到他们的老师周敦颐，因为周敦颐的言传身教让他们感受到了真诚的

1 /（宋）程颢，程颐:《二程集·周易程氏传》卷二，《无妄》，第822页。

2 /（宋）程颢，程颐:《二程集·河南程氏遗书》卷二五，第326页。

3 / 同上。

力量。周敦颐生前并不为人们所推崇，人们只知道他精通政事，政绩过人，尤有山林之志，胸怀洒脱，仙风道骨。南安通判程太中知道他的学问造诣很深，于是将两个儿子——程颢、程颐送到他的门下，二程后来都成为著名的理学家。周敦颐先是做了分宁县的主簿，有一件案子拖了好久不能判决，周敦颐到任后，只审讯一次就立即弄清楚了。县里的人吃惊地说：“老狱吏也比不上他啊！”庆历四年（1044），吏部任命周敦颐为南安军司理参军，二十八岁的他欣然赴任。在任职的第二年，他遇到了一个麻烦的案子。狱中有个囚犯，如果严格依照当时的法律条文的话，是不应该被处死的。周敦颐一向秉公执法，决定给予这名囚犯合法的惩戒。但此时的转运使王逵是个残酷凶悍的官吏，周围的人即使有意见，也不敢与王逵争辩。周敦颐得知王逵的想法后，便登门拜访，与王逵谈起这件案子。周敦颐说：“依现行的律法，这人罪不至死。”王逵听了周的话后，很是生气，他气狠狠地说：“不用再说了，这个囚犯必须处死！”周敦颐见王逵如此飞扬跋扈，置王法于不顾，愤愤地说：“维护法律公正是我的职责，如果把这个囚犯处以死刑，就是无视当朝的法律，我还能安心做官吗，倒不如辞官回家来得清静。用杀人的做法献媚于上级，我不做！”说完，便拂袖而去。周敦颐的一番话将王逵从一意孤行中惊醒，他开始意识到自己的过错，赶紧下令免除了这位囚犯的死罪。正是周敦颐秉公执法和为民请命的决心，才最终使这个囚犯免于一死。周敦颐调任南昌知县后，南昌人民都说：“我们这个地方快要太平了，周敦颐是审清了分宁县那件疑案的官员，我们的冤情有机会申诉了，他一定会秉公执法，让老百姓满意。”而那些富豪大族、狡黠的衙门小吏和恶少们却都惶恐不安，担心被抓去审问、判罪。

据程颢回忆，自从跟周敦颐学习之后，以后再见到老师，就会有一种相亲相知的感觉。可以说，周敦颐对二程兄弟人格的形成有着深远的影响。在此基础上，他们又通过自己深切的感悟将周敦颐的学说加以发扬光大，创立了“心性之学”，提出了一系列的理学命题。对于“诚”的问题，程颢更是打了这样一个生动的比喻：如若心诚，身在京师，心一想长安便到了长安，不必走到长安去。而在具体的行动上，二程兄弟更是把快乐来自“诚”“静”的理念贯彻到自己的生活中去。悠然、旷达的人生态度，追求心诚、纯静的自然乐趣，不但成就了二程兄弟在中国儒学发展史上的特殊地位，也使他们在漫漫人生的道路上找到了真正的快乐。

除了修养的诚、静之外，二程还特别重视人道之忠信。忠信一直是儒家所推崇的道德修为，孔子提出要“主忠信”，《大学》里说忠信才能得到治国的道理，孟子把忠信作为天爵的组成部分，荀子将其视为道的主要内容，《易传》里也说“忠信，所以进德也”，《礼记·礼器》则认为忠信是礼之本。那么到底什么是忠信呢？一般来说，“忠”指的是内尽于心，即把自己内心的情感实在地表达出来；“信”指的是外不欺于物，即对外在的人和物做到诚实不欺。二程兄弟对“忠”的解释是比较一致的，而在什么是“信”的问题上则有稍微的差别。程颢着重于“信”的实在之意，强调对于外在的人和物要遵循他们的本性，使之能够真实地体现出自身的本然面目；程颐则重视“信”的无伪之义，不过，从根本上讲，无伪就是尽物之性，还是要使之能够真实地体现出自身的本然面目。这里，“信”不仅有主体对于客体的诚实不欺之意，而且，信更多的是主体协助客体体现出自身本性的含义。二程认为，忠信之道是做人的根本道理，礼乐相较而言只是人们的外在形式，人心如果失去了忠信，那就失掉了人之为人的最本质的东西：“圣人言忠信者多矣，人道只在忠信。……若无忠信，岂复有物乎？”[1]

二程对于真诚的重视与彰显，也影响着他们的弟子，为人们所津津乐道的便有“程门立雪”的故事。故事的主人公名叫杨时，字中立，南剑州将乐县（今属福建）人。他少年时便聪颖好学，善诗文，人称“神童”。为了求学，朝廷调杨时去做官他都没有答应，二十九岁那年前往河南颍昌，拜程颢为师。杨时在学习上如饥似渴，他经常对别人说：学习对我来讲就像吃饭一样，是我内心的需求，所以时刻不能放松。对此，程颢十分欣赏，对他寄予了莫大的期望。杨时南归回家的时候，程颢说：“我的学说将向南方传播了。”程颢去世后，杨时在卧室设置灵位哭祭，又用书信讣告诸位同学，以此来表达对于老师的怀念和悲痛之情。之后，杨时又一次北上求学，转师程颐。此时的杨时已经四十多

1 /（宋）程颢，程颐：《二程集·河南程氏遗书》卷一一，第127页。

岁，学术水平也达到了相当高的境界，被世人所敬仰。但是杨时仍然时时处处谦虚谨慎，对程颐更是敬重有加，深得小程的喜爱，被视为最得意的弟子。有一次他与游酢去拜见程颐，见老师正在厅堂上打瞌睡，不忍惊动，便静静地站在门外等候。这时，天空下起鹅毛大雪，寒风凛冽，冰冷刺骨。游酢实在忍不住，几次都急着要去叫醒老师，但每次都被杨时劝阻了。待程颐醒来时，门外的积雪已经很厚了。程颐大为感动，从此以后，对二人越发精心培养，倾力传授，而杨时更是没有辜负老师的厚望，潜心钻研，被推为“程学正宗”。此后，人们便用“程门立雪”这个典故，来称道那些尊师重道、诚心求学的学子们。

北宋五子的“诚”思想是一种继承与发展的关系，到二程发展得更为完备。他们的论说，尽管带有浓厚的本体论色彩和存理去欲的道德意识，但都是从道德价值上去肯定诚信的价值，并且赋予诚信以比较高的地位，具有很积极的意义。

二、“思诚”与“明善”：朱熹的诚信修养

朱熹（1130—1200），南宋哲学家，宋代理学的集大成者，为二程四传弟子。作为理学的集大成者，朱熹“综罗百代”，兼采众说，对北宋以来的理学思潮进行了一次全面总结，从而建构了一个庞大的哲学体系。

朱熹也认为，理（天理、太极、道）是人与万物的唯一本原，“理也者，形而上之道也，生物之本也；气也者，形而下之器也，

生物之具也”[1]。人性与物性皆来源于理，性就是理，在心唤作性，在事唤作理。人得仁、义、礼、智之精粹，这是人与物的差别之处。本性虽善，但人又有具体的善恶差别，这是由禀气不同决定的。他认为，理的根本内容是人伦道德，是君臣、父子、夫妇、长幼、朋友之纲常。可见，朱熹也把人类的伦理道德建基于形而上的天理本体之上，其目的自然在于论证伦理道德的起源并赋予伦理道德以绝对性与必然性。

人伦道德具体表现为三纲五常，其中五常是基础，朱熹认为父子有亲、君臣有义、夫妇有别、长幼有序、朋友有信是人之大伦。五常是处理人伦关系的五种基本道德规范，其中“信便是真个有仁义礼智，不是假，谓之信”[2]。我们看朱熹在这里所谓的“信”既不是孔孟所言的交友之信以及言行之信，也不是二程所说的尽物之信，而是指将仁、义、礼、智这四端真实无伪地体现出来。这样，“信”就获得了重要的地位，成为四端能否显现并发挥作用的重要环节，没有“信”也就不可能有仁、义、礼、智。

不过，当诚、信并举时，朱熹认为他们都是“实”的意思，只不过“诚”是自然的实，自然如此，不需人为，是自然无妄之谓，是天之道，是圣人之信；“信”则是人做的实，是“诚之者”的人道，是众

1 /（宋）朱熹:《晦庵先生朱文公文集》卷五八,《答黄道夫》，朱杰人等主编:《朱子全书》第二十三册，上海古籍出版社、安徽教育出版社，2002 年版，第 2755 页。

2 /（宋）黎靖德编:《朱子语类》卷二〇，《论语二·学而篇上》，中华书局，1986 年版，第 476 页。

人之信，需要人体现出来才能见到。可见，朱熹并没有遵循旧有的思路只从内外的角度去区别“诚”与“信”，而是加入了自然与人为之别的成分。倒是在区别“忠”与“信”的时候，他把忠、信都看作是人道，忠以心言，是有诸内，是尽己，是体；信以事言，是形诸外，是尽物，是用。并且认为：“忠信只是一事，而相为内外始终本末。有于己为忠，见于物为信。”[1]无疑，这沿袭了二程的思路。

在朱熹的思想体系之中，“诚”作为真实无妄之理，既是在天之实理，又是在人之实心，二者是完全合一的，在天之“诚”不离心，而在心之“诚”不离天。谈到“心”的问题，这又涉及朱熹哲学的功夫论，他说君子必须以诚为贵，以居敬穷理为道德修养的总原则。其中，道德修养首在“持敬”，他认为“敬”的功夫是圣门修养的要义和纲领。那什么是“敬”呢？可以说，“敬”即专心一意存天理，让心中有所主宰，毫不松懈和怠慢。二程认为只有通过“主敬”的功夫，才能达到“存天理，灭人欲”的目的，故他们主张识得仁体，然后以诚敬存养之。朱熹发挥二程观点，对“敬”做了详细论述，除了“主一无适”之义，还赋予敬以“敬畏”“收敛身心”“整齐严肃”“随事专一”等多种涵义。

“诚”与“敬”又是什么样的关系呢？可以说，人道“思诚”的修养过程中所需要的心理状态就是“敬”，“敬”就是“诚其意”，就是将真实无妄的天理充实于人心的过程中所体现出来的

1／（宋）黎靖德编：《朱子语类》卷二一，《论语三·学而篇中》，第486页。

专一不二地进行自我反思、自我体认与自我超越的状态。朱熹认为，“敬”贯通人之性与情、未发与已发、静与动的全过程。性是浑然全具于人心之中而尚未发动表现于外的至善之理，情是天理本性发动应接外物后表现出来的具体感情，“持敬”表现在静时存养天理善性和动时省察思虑言行两个阶段。当情感未发、无思虑行为时要有“潜心以居，对越上帝”[1]的姿态，即对天理善性抱有恭敬、谨慎、戒惧、虔诚的态度，以保存和涵养未发的本然之性；当情感发动，表现为思虑行为时，就要内无妄想，外无妄动，惟精惟一，主一无适，以儒家的道德规范严格省察自己的思虑言行，使之不放失流荡。

持敬、思诚之外，朱熹认为穷理、明善的修养方法也不可或缺。所谓“穷理”就是通过格物致知体认天理，“思诚为修身之本，而明善又为思诚之本”[2]。持敬是对内在心性和外在言行的道德体验和涵养，如果不能明善，那么持敬也就无从下手。朱熹强调“居敬”“穷理”二者不可偏废，能穷理则居敬功夫日益进，能居敬则穷理功夫日益密。当然，二者结合的实质内容及根本目的是存天理、去人欲，即便圣贤千言万语，也只是教人明天理、灭人欲，使礼义胜其私欲，最终复归于理。

朱熹不仅在深刻地阐发着“诚”的思想，他更以诚信的精神来激励自己努力求学，立志不渝。他很早就立定志向，以成为圣贤作为自

1 /《晦庵先生朱文公文集》卷八五，《敬斋箴》，《朱子全书》第二十四册，第3996页。

2 /（宋）朱熹：《四书集注·孟子集注·离娄章句上》，岳麓书社，2004年版，第314页。

己的人生目标。他八岁时就跟随老师学习《孝经》，只诵读了一遍，就通晓了其中的大义，并且在书的扉页上题道“不若是，非人也”。他认为只有做到了《孝经》中所要求的种种，才能称得上是一个人，这无疑是在承继儒门言行一致的诚信传统。十四五岁时，他已明确笃志于圣贤之学，再不动摇。此后朱子为了实现这一目标进行了艰苦卓绝的努力，用他自己的话说，即是“以铢累寸积而得之”[1]。一方面，他潜心研习先代的典籍，常常为了透彻理解典籍中的一句话，而通宵不寐，沉潜思索直至天明。例如，他为了理解《论语》中“子夏问先传后倦”一章，连续三四夜没有睡觉，窗外的杜鹃也一直轻声啼叫，似乎在陪伴苦学的朱熹一样。正是在这样的苦读中，朱熹最终对儒家经典有了深刻而贴切的把握，并且找到了理解古人典籍的有效方法。另一方面，朱熹也十分重视实际生活中对于儒家义理的践履。他十五六岁的时候，就对《中庸》里“人一能之，己百之，人十能之，己千之，果能此道矣，虽愚必明，虽柔必强”一节深有感触，因而警励奋发，于践履上苦下功夫。他读《论语》“仁远乎哉？我欲仁斯仁至矣”一节，更是领悟到践履全要以诚信的功夫自觉自为，别人是无法代替的。后来读到《孟子》中弈秋的故事，更是下定决心要勇猛精进地做功夫。在生活中，他更是时时保持对于内心的省察。一次他偶然听到报时的钟鼓声，发现钟鼓响一声的时间中，自己的内心已经是念虑丛生，走了样了。这样的一件小事，

1 /（宋）黎靖德编:《朱子语类》卷一百四，《朱子一·自论为学工夫》，第 2620 页。

使他认识到要想为学做功夫，专心致志的诚实之功是极其重要的。总之，朱熹“诚”思想的重点在于经过持敬、明善的修养过程使人性中本有的善端能够真实无妄地体现出来，以达到人对于天理的体认。

朱熹对于“诚”功夫的强调很多时候是针对当时的君主而发的。绍熙五年（1194），朱熹曾经上疏宁宗，第一札就要宋宁宗正心诚意。后来，朱熹奉诏进讲《大学》，反复强调“格物、致知、诚意、正心、修身、齐家、治国、平天下”八目，希望通过匡正君主的品德来限制君权的滥用，但是这引起了宋宁宗和朝中重臣韩侂胄的不满。不久，朱熹便被宋宁宗罢免了待制兼侍讲之职。除了在德行修养的层面强调“诚”的功夫之外，在朱熹的事功实践中，也深刻体现出了他对于国家、对于民众的忠诚精神。乾道四年（1168），崇安发生了大水灾。朱熹力劝当地豪绅发粮赈饥，还向官府请贷粮食六百斛以散发于民，从而使民不致挨饿。由此，朱熹还提出了建立“社仓”的办法，并建议朝廷广为推行，将其作为专门解决农民在青黄不接时口粮问题的机构。淳熙十五年（1188）十一月，他向孝宗上《戊申封事》奏疏，洋洋一万余字，一论天下之大本，二论当前之急务，三论时论之得失，体现了他对国家民族的拳拳忠诚之心。在此奏疏中，他并没有一味歌功颂德，而是直言不讳地指出南宋社会早已病入膏肓，平常的补救措施已经无济于事，必须从根本上进行彻底的改革；朱熹直指君主之过失，认为当今之急务在于格正君心，否则贤人必不得用，善政必不得立，天下风俗也会变得败坏，最终民愁兵怨，国势日卑；对此，他还提出“辅翼太子”“任选大臣”“振肃纪纲”“变化风俗”“爱养民力”“修明军政”等六大措施，希望君主能够励精图治，排除个人私欲等非理性因素对于国家的危害，争取早日摆脱凋敝之时势。在漳州任职时，时值当地土地兼并之风盛行，官僚地主倚势吞并农民耕地，给失地农民带来了沉重的负担。绍熙五年（1194），湖南瑶民蒲来矢起义，此事震动了朝野。怀有强烈忧国忧民之心的朱熹临危受命，毅然前往赴任平叛。五月，朱熹来到潭州，此时瑶民已经败退深山，被困溪洞。朱熹采取了以诚服人的怀柔政策，遣使招降了起义军首领蒲来矢。不过，朱熹的行动遭到了湖北将领王蔺的反对，在蒲来矢被押解后，王蔺主张将其斩杀以警众。面对这种可能会失信于瑶民的情形，朱熹进都直接向宋宁宗面恳，请求对瑶民“毋失大信”。

总之，在朱熹的思想与事功中，无不体现了“诚”的力量与精神，而这一点在宋明理学家那里几乎成为他们共同的特色。

三、“诚”破心中贼：王阳明的“诚”言行

心学是与程朱理学相对立的理学派别，由南宋陆九渊创立，明代王守仁集其大成，所以又称为“陆王学派”。孟子最早重视心的作用，陆九渊承继并发展了这一方向，他提出了“宇宙便是吾心，吾心即是宇宙”[1]的命题，认为宇宙万物包容于主体心中并

1 /（宋）陆九渊：《陆九渊集》卷二二，《杂说》，中华书局，1980年版，第273页。

与之融为一体。明代的王阳明继承了陆九渊的心学思想，他认为天下的事、理都在心中，天下无心外之事，无心外之理乎。心是天地万物的主宰，“心者，天地万物之主也”[1]。他还把外在事物看作是心的感觉的映现，是心的意念活动的产物；又把心视为良知，认为良知即是未发之中，即是廓然大公、寂然不动的本体，人人皆具有。因此，要致“吾心之良知”，而“致良知”不仅是知，也是行，是知行合一。由此出发，“心”就成为认识和修养的唯一对象，“是故君子之学，惟求得其心。虽至于位天地，育万物，未有出于吾心之外也”[2]。他要求人们从自己心上体认，不假外求，并明确指出他的学说乃至整个儒家学说都在穷尽人之本心，均是“心学”:“圣人之学，心学也。尧、舜、禹之相授受……”[3]。

王阳明认为，“诚”是心之本体，是宇宙的本体，是实理，只是一个良知。良知人人具有，圣愚所同，是“天植灵根”“人的本性”。但良知往往为私欲所蒙蔽，故须用致知格物的功夫去克服人欲，复归天理，即通过“省察克治”“反求诸心”等修养方法，去人欲、存天理，解除私欲的障蔽，认识和恢复内心固有的良知，同时推广于事事物物。这个“致良知”的过程又被他看作是“诚意”的过程，“诚意”就是“思诚”的功夫，就是道德主体的自我认识、自我觉悟与自我反思。当然，其间贯穿着

1 /（明）王阳明:《王阳明全集》卷六,《答季明德》,上海古籍出版社,1992年版,第214页。

2 /（明）王阳明:《王阳明全集》卷七,《紫阳书院集序》,第239页。

3 /（明）王阳明:《王阳明全集》卷七,《象山文集序》,第245页。

儒家的仁、义、礼、忠、信、孝等伦理道德内容。

由于重视心的力量，因此，阳明对于心上的诚信修养功夫必然是大加尊崇。其实，他个人的一些经历也无不彰显着内心诚信的光辉。王阳明治学伊始，经、史、子、集无不涉猎研习，在少年时期就表现出诗赋辞章方面的天赋。后对程朱理学产生了兴趣，于是他在京师搜索朱熹的著作研读，先儒一句“众物必有表里精粗，一草一木，皆涵至理”对他产生了重要影响，他准备依朱熹“格物穷理”的方法去身体力行。恰好父亲的官署里有很多竹子，阳明便取竹子格之。结果到了第七天，他因耗尽心力而病倒。从此，王阳明觉得这种体认“理”的途径走不通，这种圣贤做不得，并对朱熹的“格物”说产生了怀疑。这是阳明第一次对朱子学说产生动摇。后来，王阳明读到了朱熹给宋光宗所呈递的疏文中的一段话:“读书之法，莫贵于循序而致精。而致精之本，则又在于居敬而持志。”这段话引起了他对自己二十多年曲折求学经历的反省，悔恨从前读书和探讨虽然广博，但没有按照朱熹“循序而致精”的方法来做学问，所以也就没有什么收获。于是，他重新调整自己的读书方法，一反先前所为，循序渐进，以穷“天理”。结果却是理与心不能融合为一，王阳明按照朱熹的方法还是没有什么收获。从格竹子的失败，到循序致精而未能使“物理吾心”为一，两次思索朱熹的学说，皆不得其解而致病，这使王阳明对朱熹的信奉发生了根本的动摇。

明武宗正德元年（1506），王阳明因反对宦官刘瑾，被谪贬至贵州龙场（贵阳西北七十里，修文县境内）当驿丞。走过风霜雨雪，越过千山万水，阳明终于到达了万山丛薄、苗僚杂居的龙场。经历了暂时的消沉，王阳明又重新振作了起来。在不断的讲学、思考、研《易》的过程中，王阳明的学养也越来越精进，久而久之，胸中洒洒，思念到深处时，“成圣”之道在心中自然而然地萌发。他日夜端居默坐，澄心精虑，以求之于静一之中。一天夜里，他忽然大彻大悟格物之旨，不觉呼跃而起，若痴若狂，随从皆被惊醒。原来，他体悟到圣人处世，在于自足其性，而不在向外求理。他将自己记忆的五经内容，不用朱熹注解，全凭自己的认识进行理解，竟然一一契合，毫无障碍，这也就是著名的“龙场悟道”。王阳明的这一彻悟，为他身处艰险找到了安身立命的精神支柱，也为此后建立心学奠定了理论基础。从此之后，王阳明为学沛然若决江河而放诸海，其成圣之道亦平坦如大路。

明武宗正德十四年（1519）六月，王阳明受命前往福建处置兵变事宜。六月九日起身，十五日到达丰城，得到南昌宁王朱宸濠叛乱的消息，王阳明立即返回吉安，起义兵讨伐朱宸濠。他一边向朝廷报告宸濠逆反之事，一边大张疑兵之计，假造兵部公文，谎称朝廷已派出各路大军，分道并进，不久就要围攻南昌，让亲信四处张贴这些公文，故意让朱宸濠知道。又用反间计，假造李士实、刘养正愿为官军内应的书信及凌十一、闵廿四投降密状，令亲信打入朱宸濠内部，四处散布。本来朱宸濠打算起事后，立即沿江而下，攻破南京，举行登基大典，与北京的正德朝廷分庭抗礼。可是王阳明的一连串假公文，吓得朱宸濠犹豫不决，滞留南昌达十余日，这就为官军的集结赢得了足够的时间。朱宸濠被王阳明拖在南昌半个月，既不见京军南下，也不见阳明北上，方才知道受了骗。七月初一，朱宸濠让儿子宜春王朱拱樤领兵一万留守南昌，自己率兵八九万，出南昌直奔安庆，希望攻克安庆后再一举拿下南京，可是此时他已失去了最佳战机。面对这种情况，王阳明的心情极为沉重。他深知形势的严峻倒不在宁王的反叛，而在武宗的昏庸荒唐和奸谀当道。他上疏武宗，希望武宗通过宁王反叛这一残酷事实，幡然改悔，改良政治。经过前后不过一个多月的时间，朱宸濠叛乱终于被彻底平定。在这个过程中，王阳明卓越的军事才能被表现得淋漓尽致。但更为珍贵的是，他内心的那种对于国家的忠诚，对于人民的真情，对于昏庸政治的厌恶。王阳明曾提出“破山中贼易，破心中贼难”，这实际上是对他自己一生努力和追求的简要概括。他的功绩不仅在于“破山中贼”——破除叛乱，维护明王朝的统治，还在于“破心中贼”——破除心中的私念，提高内心的道德境界。他为人正直耿介、言行一致，堪称诚信之楷模。

总之，王阳明的“诚”思想强调的是将本心诚实不欺地发见出来，这个过程的开展靠的是主体的内省自觉，即“良心之存”和“致良知”，这体现出了心学重视主观精神能动性的特点。此外，在诚信等伦理的践行上，陆王心学能够克服程朱理学的繁琐与僵化的弊病，使之简白易行，从而让儒家伦理道德更加普及化。

四、亦真，亦诚，亦信：王夫之的风范

王夫之（1619—1692），明清之际著名的思想家，字而农，号姜斋，湖南衡阳人，晚年隐居湘西蒸左石船山，故又被称为“船山先生”。王夫之吸收了张载的气本论思想，系统全面地研究批判了宋明理学，总结和发展了中国传统的朴素唯物主义和辩证法，并运用于对伦理道德问题的研究，在一些重大问题上作出了别开生面的探讨。

在“诚”的问题上，王夫之认为“诚”与“道”是异名而同实，“诚”是天之道，是宇宙世界的客观规律，天地万物的本然之理，不以人的意志为转移。有时，他又把“诚”直接解释为“实有”，用以说明物质世界的实在性：“夫诚者实有者也，前有所始，后有所终也。实有者，天下之公有也，有目所共见，有耳所共闻也。”[1]因此，在修养功夫上，他指出必须如实反映天道：“一乎诚，则尽人道以合天德。”[2]这就是说，作为人要诚实无妄，这样就能走在人伦的正道之上并能与天地同德，与万物同化。所以，他又说：“尽天地只是个诚，尽圣贤学问，只是个思诚。”[3]可见，王夫之赋予了“诚”以现实的内容，从唯物主义角度，批判地改造了传统的“诚”思想。其实在王夫之之前，宋代的事功学派就已经开始试图剥掉程朱理学家们加在“诚”身上的神圣光环，以

1 /（清）王夫之：《船山全书·尚书引义》卷三，《说命上》，岳麓书社，1988年版，第306页。

2 /（清）王夫之：《船山全书·读四书大全说》卷三，《中庸》，第526页。

3 /（清）王夫之：《船山全书·读四书大全说》卷九，《孟子》，第996页。

恢复其本来面目。例如，叶适就把“诚”理解为“诚然”，即客观存在的事实和规律：“是故天诚覆而地诚载。惟人亦然，如是而生，如是而死，君臣父子，仁义教化，有所谓诚然也。”[1]

这里，我们还要提到王夫之晚年的一部力作——《读通鉴论》，在这部著作中，他表达了对于政治诚信的一些观点。《读通鉴论》对秦汉以来的历史予以评述，凡三十卷，每卷均根据《通鉴》所列帝王系统分为若干篇，每篇又选择该时期的若干史实，加以评论，书中的评论远远超出了《资治通鉴》记事的范围。书中颇多卓见，一直为后世学者所称道。在该书中，王夫之指出“信者，礼之干也；礼者，信之资也”[2]，把“信”放在了比“礼”还要重要的位置之上。他还把诚信作为人与人交往的基本原则，因此，他反对有些史学家重视权谋、忽略信义的不良做法，对于历史上那些不讲诚信的“无恒”者提出了尖锐的批评。

在对一些历史人物和历史事件的分析中，王夫之讨论了很多与“诚”有关的话题。例如，对于历史上存在的犯人自首可以减免刑罚的法律规定，王夫之不以为然。他举例子说，如果杀人者因为自首减罪的规定而钻了法律的空子，那就无异于国家公开为杀人者壮胆。如果将杀人后隐匿不自首比作是老鼠的话，那么，杀人后毫不忌讳地自首者就是老虎。于是，自首减罪的规定无异于变鼠为虎，国家本来是要让天下人都诚实不欺，到头来却使杀人者肆无忌

1 /（宋）叶适：《叶适集·进卷·中庸》，中华书局，1961年版，第733页。

2 /（清）王夫之：《船山全书·读通鉴论》卷二，《汉高帝》，第86页。

惮。当然，王夫之并不是一味否定自首，而是认为自首减刑的规定不应该适用于“凶人”，即凶杀等恶性犯罪者。对于那些没有犯罪故意的“过误犯”，他们的自首不是伪装，因而是真实可信的。又如，我们在论述唐代诚信思想的时候曾举了唐太宗放囚犯回家省亲的例子，并把它作为太宗“大信行于天下”治国理念的体现。其实，这种行为早就引起了一些学者的质疑，曾主持《新唐书》修撰、深谙唐史的欧阳修写过一篇《纵囚论》，对此提出了自己的不同意见。他认为这种需要囚犯诚信自觉的纵囚行为“是以君子之难能，期小人之尤者以必能也”，然而不可思议的是，那些死囚居然一个不少全部按期归来，这显然不符合人之常情。他认为，太宗之所以这么做，只是为了求得好名声而已。因为，他的诚信之德尚不能使人不犯极恶之罪，又怎么可能让囚犯守信来归呢？对于纵囚之事，王夫之也发表了他的看法。他分析了上文所举的隋代王伽与囚犯约期至京的事例，认为整件事就是一个政治闹剧，无论是王伽、李参还是隋文帝，都在弄虚作假。他特别对隋文帝提出了批评，认为他明知王、李二人的虚伪，却不去揭穿和惩治，还大张旗鼓地进行表彰和奖励，指出此举有利于粉饰他的政绩，这是在欺骗天下之人。于是，我们就不难理解隋朝为何国祚短促，对此，王夫之认为这是因为君主好大喜功，粉饰太平，好恶没有原则，与虚伪狡诈之人为伍。久而久之，君臣上下就会被各种假象所蒙蔽，朝廷内外就会被那些奸佞小人所把持。事情一旦发展到这种地步，国家的前途、君主的命运也就可想而知了。

此外，在《读通鉴论》中，王夫之还对盗贼的“信义”进行了分析，对“杀降不仁而无信”做了论辩，对邦交之诚信做了阐释。可以说，王夫之对于诚信的论述每每发人深省，可以为我们提供一些新的视角去讨论“诚”的问题，这正体现了他作为思想家的深度和史学家的厚度。

真正的大学问家、大思想家永远不只是埋首书斋的书生，他们试图将自己的抱负实现出来，表里如一，真诚不二，王夫之也是这样的模范。南明永历四年（1650）春，王夫之跑到梧州接受永历政权所授予的负责传旨、册封等礼仪活动的职务。然而，此时的永历政权内部纪律败坏，派系之间的斗争激烈，已经处于苟延残喘、风雨飘摇之境地，王夫之在此大势已去之时接受这样的官职，表面上看是要取得上疏谏诤的机会，实际上他更多的是要表达其慨然赴死的悲壮之志。内阁大学士王化澄、佞幸马吉翔、宦官夏国祥与军阀陈邦傅内外勾结为“吴党”，他们颠倒是非黑白、陷害金堡等贤良，王夫之对此义愤填膺，决心以死抗争。他和好友管嗣裘一起去谒见内阁大学士严起恒，痛陈利害，认为这些贤良之士不计生死、远离妻儿追随江河日下的永历政权，不是为了功名利禄，而是怀着一颗赤诚之心爱民报国。因此，他们谏言严起恒身在其位自当谋其政，哪怕明知有生命危险也应当主持正义。

“吴党”见构陷金堡不成，便诬陷率先营救金堡等人的严起恒。满朝文武没有人敢秉公直言，王夫之眼看着严起恒就要遭逢牢狱之灾，甚至还有性命之虞，决定进行“死谏”。他与董云骧联合上书反驳雷德复攻讦严起恒的罪名，同时对严起恒的为人与功绩加以肯定，请求皇上允许其辞职。“吴党”的阴谋又一次无法得逞，就转而对王夫之怀恨在心，决定伺机报复。正在这时，攸县有一“狂人”写了《百梅恶诗》，并假冒王夫之的名义作序。王化澄借机制造文字狱，试图将王夫之置于死地。王夫之气得吐血，又有冤难辩，生命危在旦夕。幸亏有高必正等人前来营救，永历帝不敢得罪这位手握重兵的大顺军将军，才批准王夫之的请辞。至此，王夫之只好在这一年的秋天带着妻子和侄子返回衡州，他满腔“精卫填海”的抗清热情也随之付于东流，虽然他被迫离开了永历政权，但仍然时刻关心着其兴衰成败。

王夫之的一生，以其实际行动诠释着他理想中的豪杰精神。他主张“正志”，并将“正志”视为“成人”的根本。他认为人之所以异于禽者，在于人能够正志。正志，也是正心，就是要“以道义为心”，只有确立对“道”的坚定信念和崇高志向，一个人才能算是真正的豪杰。王夫之心目中的豪杰是宁死不屈的，他们不会丧失人格尊严去求取功名，也不会为了个人私利而向权贵们折腰，更不会去曲意逢迎、溜须拍马，而是当需要他们挺身而出时他们就会舍生忘死、奋不顾身。可以说：他的道，是真道；他的心，是诚心；他的志，是信志。亦真，亦诚，亦信，这就是中国古代大思想家的至高风范！

第六章

“贾而能诚”：明清商帮之“诚”德

在中国古代的“诚”伦理系统中，商业诚信是不容忽视的一个方面。中国传统社会对于道德和礼节非常看重，但在法治的问题上则有所欠缺。特别是在经济领域，法律和法规的欠缺使得经济活动的正常运行更依赖于工商业者自身的诚信品质。因此，以信义为重，乃是诚贾、廉贾的本色。我们知道，义利之辨是中国古代思想世界里的一项重要论题，儒家思想的重义轻利倾向对古代中国影响深远。特别是在商业领域，义利之辨更是商人经常要面对的问题。在中国几千年的商业发展史中，讲仁义，讲诚信，货真价实，童叟无欺，成为大部分商人的经商原则。在他们看来，只有讲求诚信的商德，才能把生意做稳、做大、做长，否则只能是信誉丧失，买卖做绝，也就谈不上有利可图了。正所谓“非诚贾不得食于贾”（《管子·乘马》），贾而能诚，才是好的商人。

中国古代商业进入到明清时期，商业资本积累空前巨大。各地商人形成许多大大小小的地区性商帮，主要如徽商、晋商、闽商、广商等“十大商帮”。商帮是古代的商业集团，比单个经商具有更大的活动能量，它以乡土性、宗族性的纽带把大小商人结合在一起，更容易建立一种为商帮内部成员所共同遵守的经商伦理，甚至会形成一种具有本商帮特色的商业文化。我们发现，在明清这些著名的商帮之中，他们都将“诚”作为一条至关重要的经商原则，并以其来规范自身的商业行为，最终取得了良好的成果。下面，我们将主要以晋商、徽商和鲁商为例，对明清时代的商业诚信伦理简单地进行介绍。

第一节 关羽崇拜与晋商诚信

晋商，主要指明清山西商人，又称山西帮、西商。山西人经商历史很久，素以善于经营著称，据《国语·晋语》中记载，春秋时山西绛县富商的财力已“金玉其车，文错其服”。明清时，巨商大贾众多，财力雄厚，与徽商一道成为重要的商业力量，明代谢肇淛《五杂俎》卷四曾云：“富室之称雄者，江南则推新安，江北则推山右。”[1] 其中的山右，指的就是山西地区。晋商的经营项目包括盐、茶、粮食、丝绸、棉布、铁器等；经商地区遍及全国各地，并远达日本、俄国。清道光年间，首创于平遥的票号在近代金融业出现以前，尤为发达，在近代银行产生前垄断和操纵了全国汇兑业务。晋商之富甚于徽商，而生性俭朴，既善经商，且重信义。

晋商深知，只有讲信誉，重然诺，不欺不

1 /（明）谢肇淛:《五杂俎》卷四,《地部二》, 上海书店出版社, 2001年版, 第74页。

诈，才能获得更大的经济利益，才能长久地维持商业生命。他们在经商活动中总结出了许多有关诚信的商业谚语，如：“宁叫赔折腰，不让客吃亏”“买卖不成仁义在”“秤平、斗满、尺满足”等。

晋商十分重视对子弟的培养教育，不同家族都有严格的祖训和家规。不论其教育的目的是为了仕举之途，还是为了以商为业，晋商子弟们都要进入家塾、学堂接受教育，借以知书达礼，打好立身基础。对子弟们来说，学习并遵守家规成了接受教育、修身正己的一项重要内容。晋商家族中的祖训多是告诫子孙创业艰难，守业亦当节俭，经营中以诚信服人，处世时勿招人怨，待同行以宽厚为怀，待下属以仁爱为本等内容，其中的诚信经商是极为重要的部分。

明代有一个叫王文显的山西蒲州商人，出身官宦家庭，但因其父官低位卑，家境衰败。作为长子的王文显，为家境所迫而弃儒经商。王文显踏入商途四十余年，足迹半天下，最后客死长芦郑家口盐场。明人李梦阳在《空同集》卷四十四中收有《明故王文显墓志铭》，铭文中记载了王文显的身世和他经商所奉行的商业原则。王文显善于筹划计算而不奸诈，能真诚待人且严守信义，正是因为这样，才使得王氏家族开始富甲一方。

山西灵石静升王家始祖王实，曾以佃耕为生，空闲的时候自己垦荒耕种，日子久了就积累了一些资本，成为自耕农。王实除了种庄稼之外，还兼营豆腐坊。据称，他做的豆腐，坚而不硬，嫩而不酥，加上他诚实和蔼，童叟无欺，因此当地人都愿意买他的豆腐，生意做得十分红火。

明末清初，祁县渠家作为商业巨擘，其规模宏大，资财厚重。渠氏先祖渠济，于明代洪武年间从上党区迁入祁县。在这以前，他的三个儿子敬信、守信和忠信，便从上党挑上潞麻和梨到祁县做买卖。他们走村串户，把潞麻和梨换成粗布和枣，带回老家再换成潞麻和梨，就这样循环往复，兄弟三人逐渐富裕起来。兄弟三人名字中都有一信字，渠家对于诚信的重视可见一斑。

祁县的另一富商乔致庸把守信作为经商活动的第一信条，其二是讲义，第三才是取利。清代末年，乔家的复盛油坊曾从包头运输大量的胡麻油售往山西，中间经手的伙计为了谋图私利竟在油中掺假，事情被乔家主事者发觉之后，立即以纯净的好油换掉已经售出的油品。这虽让商号蒙受了一些经济损失，但赢得了良好的信誉，使得乔家商号的生意更为红火。

为了建立和保障自己的诚信形象，晋商还从经营管理、行规帮规、文化观念等方面做了大量的努力，形成了一系列颇具创意的经营制度，并对违反规定者予以重罚。有史料表明，即便是在晋商内部，不讲信用的经济成本也是非常高昂的。社旗山陕会馆现存有《公议杂货行规碑记》《同行而贾公议戥秤定规矩》碑文，前者刻于乾隆五十年（1785 年），对同行商人买卖活动中降价、让利、招徕客商、树立招牌等具体方法做了统一规定，违者罚银五十两；后者初刻于雍正二年（1724 年），近一百四十年后又重刻于同治元年（1862 年），规定公议秤足十六两，戥依天平为则，不得以私戳秤更换，违者罚戏三台，如不遵从则举秤禀官究治。[1]19 世纪 20 年代以后，山西票号把晋商的信用发展到一个新的高度——办理汇兑。不论款额大小、路途远近，均能按期兑付，绝不拖延；吸收的存款，保证随时提取，而且此地的存款可在彼地支用，非常方便存户。由于信用好，赢得了社会的广泛信任，无论商家住户、达官贵族，有钱的都愿存往山西票号。对于票号，最讲究的是信用，存放、汇兑、提现，每一个环节都体现了一个“信”字，如果稍有疏忽，就会遭到挤兑、倒账的命运。票号之所以根基巩固，首靠信用卓著，正因如此，山西票号才能在几十年中执全国金融界之牛耳。[2]此外，在长期的经商实践中，晋商还致力于培养职业精神，倡导职业信用。职业信用的核心就是通过各种教育方式和严格的制度约束，向职员灌输爱岗敬业精神，要求职员严于律己，各司其职，互相信任，团结合作。以上史实表明，晋商对于诚信制度建设非常重视，希望从制度上确保本商业集团内部成员能够诚信经商，从而尽量避免买卖活动中利益的摩擦和冲突，降低交易成本，提高经济效率。

还有一点不得不提，那就是山西商人们几乎都要供奉关羽，甚至把关羽当作行业的守护神，通过祭祀、献戏等活动表达对他的信仰。我们知道，关羽字云长，本字长生，河东解（今山西临猗西南）人。他是三国时期蜀汉的一员战将，戎马一生，征战群

1 / 详见刘建生，刘鹏生，燕红忠等著:《明清晋商制度变迁研究》，山西人民出版社，2005 年版，第 91 页。

2 / 同上，第 206-207 页。

雄，辅佐刘备，功勋卓著。在《三国演义》中，忠诚义烈是关羽性格深沉的底蕴。小说把关羽放在他与曹操和刘备的复杂关系之中，通过报主和酬恩的矛盾，来突现关羽的忠肝义胆。关羽与刘备、张飞在桃园结义，立誓同心协力，救困扶危，为国为民。他与刘备之间，既有兄弟之情，又有主从之分，因此，他就要为刘备尽忠尽义。但是，特殊的情势又逼使关羽为了保持其忠义而投降于曹操。他的凛然正气，使曹操敬服，为笼络其心，曹操连连赐给关羽金银、美女，又封其为“汉寿亭侯”，但关羽“身在曹营心在汉”，不为所动。曹操赐给他一件锦袍，他把它穿在里面，外面却用刘备所赐旧袍罩上，借这种方式来表达不忘怀刘备的旧恩。当曹操赐给他赤兔马时，他却大喜再拜，因为有了此马，一旦获知刘备下落，便可以迅速回到刘备帐下。后来，当打听到刘备在袁绍处时，关羽便挂印封金，过五关、斩六将，回到了刘备身边。关羽降曹却没有丝毫的奴颜媚骨，更没有一丝的见利忘义、背主忘恩的表现，反而在特殊的条件下，表现出了他对刘备的忠诚信义。关羽用自己的行动不折不扣地实践着儒家的道德准则，他为君以忠、待人以义、处世以信、修身以智、立身以勇，用具体行为诠释了孔孟之道。后世对关羽的事迹进行了一系列的加工和润色，使之成为能文能武、忠义双全，集儒家忠、信、礼、义于一身的道德楷模，成了义薄云天、忠贞不贰、见义勇为的典范。关公的身教犹如一本无字的儒家经典，更有效、更直接地教化着普通的民众。这种尊崇的极致便是，关羽最终成为中国封建社会后期上至帝王将相，下至士农工商所广泛顶礼膜拜的偶像，佛教和道教也把关羽拉入自己的信仰的诸神谱系之中，就连素以“不语怪力乱神”为宗旨的儒家也把他冠以“武圣”的名头，与“文圣”孔子并肩齐名。对关羽的尊崇从侧面反映了晋商对于诚信的看重，那些披荆斩棘、白手起家的商人们，以关羽“敦信义”“崇信行”的精神为标杆，创造了一个个商业神话。

第二节 “贾而好儒”“信义远孚”：徽商的“诚”伦理

徽商，俗称徽帮，是明清时期徽州府属六县（歙、黟、休宁、祁门、婺源、绩溪）的商人群体，形成于宋代，明中叶后，和晋商成为全国南北对峙的两大商业势力。谢肇制《五杂俎》中所言“江南则推新安”之新安即指徽州。徽商所属各县中，尤以歙、休宁两县为最著，故亦有“歙商”“休宁商”之称。明清时期，徽商活动遍布全国，远至朝鲜、日本、暹罗、南洋诸国。徽商经营的范围很广，有典当商、盐商、木材商、布商、海商、茶商、书商、墨商、丝商等，尤以盐商和典当商势力最强，常拥资百万以上。据说，清乾隆年间，移居扬州的八十名大盐商中，徽商就占了六十名，而徽商的大多数又是歙商。徽商在各地还设有会馆，并出放高利贷，购置田地、建祠堂、修坟墓、撰家谱，带有浓厚的封建性。他们在明清商界驰骋三百多年，对中国近现代经济影响巨大。

徽商的最重要特色是“贾而好儒”，儒家思想对他们的影响非常深远：“徽商多为儒商，他们商而兼士，贾而好儒，或先儒后商，或亦贾亦儒，更多的徽商子弟为守祖上创立的商业，把经商看得比科举更重要。徽州是程朱阙里，徽商奉行正统的儒家思想，处处把儒家的道德作为立身处世的准则，因而经商时事事注意商德，即以儒家的‘仁’‘义’作为经商的规范，以‘诚’‘信’作为商贾手段。多数徽商以仁爱之心经商，虽喜厚利，但决不乘人之危牟取暴利。在‘义’和‘利’面前，多数徽商反对见利忘义，主张以义获利，不义之财不取，宁舍利而取义。在经营活动中，做到童叟无欺，注重信誉。徽商‘贾而好儒’，广结文化名人，延请名儒，培养子弟读书，并不惜重金建学馆、办义学、设学院，从而促进了文化教育事业的发展和繁荣。”[1]这里不得不提到朱熹，因为正是他与徽州之间的特殊关系，促进了当地的好儒之风。朱熹祖籍婺源，他的外祖父祝确，是徽州人，其家财约“当州之半”，故外号“祝半州”。因有这两层关系，朱熹常来徽州讲学论道，省亲祭祖，所以才会有后世“新安为朱子阙里，而儒风独茂，岂非得私淑者深欤！”（康熙《绩溪县志续编》卷三）之叹。徽州人特别是士人，以朱熹的私淑弟子自居，对朱熹顶礼膜拜。在歙县茗州《吴氏家典》序中明确提出：“我新安为朱子桑梓之邦，则宜读朱子之书，取朱子之教，

1 / 罗亚蒙等主编：《中国历史文化名城大辞典·下》，北京：人民日报出版社，1998年版，第1174页。

秉朱子之礼，以邹鲁之风自恃，而以邹鲁之风传之子若孙也。”[1]可见，朱熹的“书”“教”“礼”是后来徽州人借以汲取儒家传统文化的源泉。

有些学者在总结儒家思想给徽商的经商伦理带来的影响时，曾用“以诚待人”“以信接物”和“以义为利”来加以总结。所谓“以诚待人”，如明代休宁商张洲，“以忠诚立质，长厚摄心，以礼接人，以义应事，故人乐与之游，而业日隆隆起也”。歙商鲍雯，自幼习儒，后业盐于两浙，他“一切治生家智巧机利悉屏不用，惟以诚待人，人亦不君欺，久之渐致盈余”。歙商许宪，在总结自己的经商经验时说：“惟诚待人，人自怀服;任术御物，物终不亲。”他把“诚”付诸实际行动中，故“其经商也，湖海仰德”“出入江淮间，而资益积”。道光间，黟商胡荣命贾于江西吴城五十余年，童叟不欺，名声大噪。晚年，罢业还乡，有人要“以重金赁其肆名”，胡荣命拒绝了。他说：“彼果诚实，何藉吾名也。”这就是说，要创出一块金字招牌，非“以诚待人”不可；如果待人不诚，即使借别人的招牌也是无益的。徽商所谓的“诚”，也就是儒家所宣扬的“诚笃”“诚意”“至诚”“存诚”的道德工夫在商业活动中的具体表现。所谓“以信接物”，如歙商吴南坡重视信誉，他曾说：“人宁贸诈，吾宁贸信，终不以五尺童子而饰价为欺。”正是这种诚信精神，使他出售的货物如同今天的“免检”产品，赢得了顾客的信任。讲究商业信誉，既有利于

1/ 转引自《安徽文化史》编委会编:《安徽文化史·中》，南京大学出版社，2000年版，第1638页。

商品的销售，也易于资本的筹集。休宁商程伟贸易于江浙一带，由于他"信义远孚"，故"富商大贾之赀咸欲委托于公。自是公之财日益丰，公之名亦益著"。以信经商，有时虽不能立刻致富，但持久下去，必会获得厚利。休宁商程家第和他的儿子程之珍的一段经商历程，就是一个很好的例证。起初，程家第设铺于宁邑河口，他"一以信义服人"，但未能获利。有人对他说："经商本大道，亦须运以心计。"程家第不以为然，他坚持诚信经商，至于是否获利一切顺其自然："吾敦吾信义而已，赢余之获否，亦听之而已。"后来，他的儿子程之珍秉承父亲的遗志，仍在河口开张，"信洽遐迩，大焕前猷，丰亨豫大，迥异寻常。亦信义之报，公平之效，未得于其身，正以取偿于其后"。这则材料说明，"信义之报"迟早都是会得到的。徽商恪守的"信"，自然也是从儒家所谓"反身而诚""立信""笃信""言而有信""讲信修睦"中来的。[1]

徽商重视诚信的例子还有很多，我们不妨再举几个。徽商在商业经营中非常注重商品的质量，以确保商业信誉，增强在市场上的竞争力。清代后期崛起的制墨商人胡开文的第二代传人胡余德曾造出一种好墨，在水中浸泡时间长了也不会开散。一次，一位顾客慕名前来，购买了一袋这样的墨，返回时，墨袋不慎掉入河中，捞起后发现此墨并不像大家传扬的那样，竟然开始溶化了。顾客连忙去见胡余德，经他调查，发现该批墨锭在生产中没有按照规定去做。胡余德一面向这位顾客道歉，一面又以一

1 / 参见张海鹏，王廷元编：《徽商研究》，人民出版社，2010 年版，第 387-388 页。

袋“苍佩室”名墨相赠来赔偿他的损失。同时，胡余德告诫所属各店各坊，立即停售停制此批墨锭，并高价收回已经售出的这批墨锭，然后加以销毁。此举虽在经济上受了一些损失，但保住了胡氏品牌的信誉。清末创办的绩溪“同德仁”中药店也十分重视质量和信誉。他们除了采取一系列措施保证本店所产中药材的质量外，还对自制的“百补全鹿丸”进行大力宣传。每年秋末冬初，他们都要邀请各地客户前来观摩“百补全鹿丸”的制作全过程，从活鹿缢杀到制作全丸，大家有目共睹，从而使该店信誉大大提高，产品销路也很好。

婺源有位茶商叫朱文炽，他所出售的茶叶从不以次充好，以陈充新。有一次，他贩茶于珠江，由于在贩运中耽搁了时间，当年的新茶已经上市，故在“交易文契”时，朱文炽必书“陈茶”二字，以示不欺。陈茶的售价当然比新茶低，伙计们劝他更换标识，他却坚定不移。朱文炽不以陈茶充新茶，维护了他的经商信誉。清末民初，徽州茶商在上海经营茶叶店的人数越来越多，他们不仅销售于本市，而且倾销于外地乃至国外。他们的茶叶之所以能够畅销，奥秘就是靠信实二字。

徽籍“红顶商人”胡雪岩，在杭州开设一家闻名遐迩的“胡庆余堂”药店，店内装饰豪华，建筑构造精致，但更为引人注目的是这家店堂内悬挂的写着“戒欺”二字的匾，匾上还有八十余字的“跋”，其文曰：“凡百贸易均着不得欺字，药业关系性命，尤为万不可欺。余存心济世，誓不以劣品弋取厚利，惟愿诸君心余之心，采办务真，修制务精，不至欺予以欺世人，是则造福冥冥，谓诸君之善为余谋也可，谓诸君之善自为谋也亦可。”[1]这面“戒欺”的牌匾及其跋文，主要是告诫店内掌柜和伙计们的，同时，也是对顾客们表白其诚信经商的气魄。胡庆余堂之所以能成为名牌药店，与他们不欺骗消费者的诚信伦理是分不开的。

第三节 忠诚守信：鲁商的经营之道

“鲁商”顾名思义就是指山东籍从事商业经营活动的商人。早在春秋战国时代，齐国就因其地域限制（地处丘陵，沙质土壤，农业难以发展）而适宜桑麻、布帛、渔盐的种植与生产，加上政府的鼓励与扶植，因而工商业非常发达。先秦、秦汉时期，齐鲁的商品经济在全国一直居于领先地位。据《史记·齐太公世家》等记载，被封在齐国的吕尚鉴于山东半岛自然资源的优势，鼓励民众从事鱼、盐、漆、布、帛等物品的交易活动。孔子的弟子子贡把儒道和商道完美地结合了起来，在经商中恪守诚信和社会责任，坚持义利双赢。一般认为，到西汉司马迁时，齐鲁大地已出现了经营千百亩桑麻的业主和以经营渔盐为主的大商人，这就是最早的齐鲁商帮。鲁商创造的鲁商文化是中国古代商业文化的一个重要组成部分，在鲁商文化的系统中，忠诚守信是其重要的组成部分。特别值得一提的是，山东作

1 / 转引自余丽芬：《胡雪岩与经营文化》，上海世界图书出版公司，1998 年版，第 82 页。

为儒家文化的发祥地，儒家“诚”观念对商人的影响更为深刻和久远。正如有的经济学家所指出的那样，山东商人的表象是块头大、嗓门大、气魄大，而深层的东西是讲诚信，重信用。对此，我们可以列举作为鲁商杰出代表的周村商帮、瑞蚨祥和宏济堂的经营活动加以说明。[1]

周村位于山东淄博，此地自古商业发达，据称商周时期已经有了城市的雏形，并且成为重要的丝绸纺织中心，春秋战国时期已经出现了较大规模的商品交易。汉唐以来，更是“丝绸之路”的重要源头。明朝中后期以后，周村迅速崛起，成为鲁商的重要发源地之一 。追求经济利益是商业经营活动的目的所在，但中国的思想传统希望人们在“义”与“利”之间做出一定的权衡，一些商帮也主动地以“义”制“利”，时刻规范自己的商业行为。周村丝织业商号为了获取丰厚的商业利润，他们将市场扩展到华北地区，以至于全国范围。例如，周村“鸿祥诚”“同义诚”等商号纷纷在北京、沧县等地开设了联号、分号，建立了一个覆盖华

1 / 这一部分内容参考了张光明，李国经主编:《周村商埠文化与鲁商文化研究》(山东人民出版社，2010 年版)；山东省政协文史资料委员会，淄博市周村区政协文史资料委员会编:《周村商埠》(山东人民出版社，1990 年版)；李鑫生主编:《鲁商文化与中国商帮文化》(山东人民出版社，2010 年版)；徐畅:《鲁商撷英》(山东人民出版社，2010 年版)；涂可国主编:《鲁商文化概论》(山东人民出版社，2010 年版)；苗尔澜，管萍:《老济南商埠琐记》(济南出版社，2009 年版)；山东省政协文史资料研究委员会，济南市政协文史资料委员会编:《济南老字号》(济南出版社，1990 年版)等著作。

北的销售网络。他们往往会采取节省用料、压低成本、预测商机、迎合需求等方式来最大限度地提高经营效益，这对于商人来说本就无可厚非。但是，获利的本性并没有使他们丧失基本的商业道德，因为他们清楚只有真诚信实的经商之道才能赢得顾客的芳心，带来更多的回头客，从而获得更为长久的利润。二十世纪二十年代，“庆和永”绸布庄垄断了周村的织机、提花机部件生意，经理雷雨忱热衷于钻研配件的维修技术，并组织技工开展售后服务。他提出了“修送上门，一包到底”的口号，每当顾客遇到故障时，他要么派人指导，要么登门维修。有时候正在吃饭，顾客找上门来，他二话不说放下饭碗先去维修机件。这种热诚的服务态度打消了各位机坊主的担心，“庆和永”的生意也随之红火了起来。周村的“大德生”药店不但选用上等好药，而且非常讲究包装。据说，该药店在打药时每味药包一小包，每包还附带一张彩色图片，正面印着该药的形状，背面则有文字说明此药的性质功效和服用剂量；包齐后再用一张印有字号名称的大纸包起来，纸捻捆扎；此外，药店还会送一枚纱布以便过滤药篦，并且可以免费为顾客制作丸散。如此细致、周到的服务体现了药店的真诚态度，这使得“大德生”声名鹊起，顾客盈门。

清代康熙年间，章丘的孟氏家族开始在周村办厂开店，经营绸布生意，后又在北京、天津、武汉、上海、青岛等地建立了分店，因其每家店的字号都带有一个“祥”字，共有八个字号，被称为“八大祥”，而“瑞蚨祥”则是其中的佼佼者。“瑞蚨祥”绸布店的杰出领袖孟洛川是孟子的后裔，他从山东章丘起家，一步步从周村到烟台，青岛到天津，再从上海到北京，建立了庞大的商业帝国，成为当时著名的商人之一。“瑞蚨祥”的经营理念是“至诚至上、货真价实、言不二价、童叟无欺”，为了确保商品和服务的质量，他们采取了一系列积极有效的措施。例如，孟家以贩卖白布起家，后逐渐将白布染成青、蓝色布出售，但是委托染坊加工的有色布往往洗两三水就掉色，为顾客所不满。为解决该问题，孟洛川自办染坊“瑞蚨祥鸿记染坊”，聘请技艺高明、经验丰富的染师，并且规定须用上等布料、布坯，不准偷工减料，须认真操作，派专人检查，一经发现瑕疵，立即返工。“瑞蚨祥”所经营的自染色布除了比普通染布多一遍染色外，还有一套独特的“闷色”诀窍：将布染成晾干之后，打包存于仓库三到六个月，这道工序可以使布的颜色渗透纤维，从而显得厚重美观。此法虽会造成一些资金的积压，但更能保证布匹质量。他们在售货时不说谎，不讨价还价，不去零去尾，不因为某种货物一时畅销而随意提价，一般也不搞大削价、大拍卖那套唬人的把戏。该店对学徒入店的第一次考核就是看对顾客的服务态度如何，而和气、真诚、热忱是合格与否的重要标准。由于设有很多门面，“瑞蚨祥”很重视员工的形象教育，要求员工以商号利益为重，让他们时刻意识到个人形象就是商号的形象。此外，他们还费尽心思地制定了一套严格的营业程序，要求员工不折不扣地遵守营业程序：顾客进门时，要笑脸相迎，热情问候，并以茶水招待，让顾客在布店里慢慢挑选；售货员对想买布料却又暂时拿不定主意的顾客，要先了解顾客是为自己购买还是代他人来买，之后要多拿些样品供顾客选择；取货时，售货人员要让顾客先挑选中下等的货物，如果顾客不满意，再拿上等的货物让他挑选；对于客户关于货品的一些问题，店员要耐心解释，直到让顾客满意为止，中间不得露出厌烦的情绪；即便顾客看了二三十匹绸布仍然没有挑到理想的货品，店员不光脸上不能有一丝不快之色，反而还得向顾客道歉，说备货不足害得顾客白跑一趟等等，最后还要含笑送出门外；如果顾客满意了，成交结账时需要找零钱，店员要把钱整齐地放在柜台上等顾客收钱，不准直接交到顾客手中；成交之后，还要先检查一下绸布有无残损，当着顾客的面量好尺寸，确保一切无误之后再进行剪裁，剪好后包好，让顾客称心如意地离开。正是这种真诚待客之道使得“瑞蚨祥”历经一百多年仍焕发着勃勃生机，并获得“中华老字号”“中国丝绸第一品牌”“中国消费者信赖的著名品牌”等多项殊荣，被视为“东方儒商的经营样板”。

同样是“中华老字号”的“宏济堂”成立于1907年，与北京同仁堂为一脉两支。因乐氏家族经营的几家药店药品基本相同，所以“宏济堂”创立之初生意比较冷清。面对此种情形，“宏济堂”的创始人乐镜宇大胆创新，另辟蹊径，1909年在济南西关东流水街开办阿胶厂，将原来三昼夜熬制延长为九昼夜精炼，清除了阿胶原有的腥臭味，所产阿胶清香甜润，成为“宏济堂”的招牌产品。在1915年巴拿马国际博览会上，“宏济堂”阿胶有两种分别获得“优等金牌奖”和“一等银牌奖”。“宏济堂”在百年的改革发展中，传承了“宏德广布、济世养生”“炮制虽繁必不敢省人工，品味虽贵必不敢减物力”“修合无人见，存心有天知”的大医精诚精神。与“瑞蚨祥”类似，“宏济堂”对于店员有着严格的要求，乐镜宇用人有“五不要”，即：不孝敬父母者不要，不忠实朋友者不要，对人无礼者不要，不讲信誉者不要，不讲仁义者不要。除此之外，他还要求所有的店员均要熟背《药性赋》《大医精诚》《黄帝内经》等典籍。这些措施无不是在培养店员真才实学的技能与精诚行医的态度。在药品上，“宏济堂”所销售的中成药如“安宫牛黄丸”“至宝丹”“紫雪丹”“犀黄丸”等无不是选用上等地道原料、遵古法炮制而成；所销售的汤剂也同样一丝不苟，每味药都要经过仔细检查核对无误后逐一单包，并分别写上药名，然后将整服药包成大包，盖章后才会交付顾客；在制作阿胶时，根本的一条是配方、用料不同一般，如用上等青毛鹿茸、野山人参、西藏红花等地道原料，驴皮都是从河北进的纯黑驴皮，不用杂皮。正是由于“宏济堂”在药品质量和服务态度上忠诚厚道的做法，所以才赢得了良好的社会信誉，当时济南很多有名的中医在给病人开出药方后还特地指定要去“宏济堂”抓药。据称，昔日“宏济堂”东号内曾悬挂“但愿天下人无病，哪怕架上药蒙尘”的牌匾；主柜之上，常年悬挂着青、赤、黄、白、黑五把颜色不同的锡壶，喻义“悬壶济世”。医者至此，不可谓不诚！

虽然，在上述商帮中都出现过在某一时期会为了追求更多的利益而忽略诚实守信原则的情形，但更多的时候他们确实是践行“诚”精神的代表。事实证明，无论是晋商、徽商、鲁商，或者是其他著名的商帮，在商业中有所成就的商人们都能够重义轻利，追求信誉，诚实经商，童叟无欺，货真价实，讲究质量。归结到一点，那就是他们都非常重视真诚的力量，宁可失去眼前的利益，也不能损害长久的信誉。正因为如此，他们才能吸引更多的顾客，做大做强家族的产业，获得商业上的成功。当今世界是个商品经济社会，市场的主体能否做到诚实守信将直接关系到整个经济秩序能否正常运转。当人们整日受到弄虚作假、坑蒙拐骗的不良商贩的困扰时，就必然会向往那种重义守信的传统商道。近些年来，关于晋商、徽商、鲁商等传统商帮的研究著作层出不穷，他们的传奇经历和信义精神更是被改编为各种影视作品，这无疑也是时代之召唤的真实体现。

第七章

中国传统“诚”思想的意义及现代转化

通过以上的论述可以发现，“诚”观念贯穿传统思想发展的始终，由于它是说明天与人之间相互连通的核心概念之一，因而在中国文化特别是儒家文化中处于非常重要的位置。“诚”是一个具有多层含义的范畴：上层指向了“真实无妄”的天道实理，中层指向了人之良善德性，下层则作为一种具体的道德伦理规范。这三个层次的含义是互相穿插的：天道以其“诚”之本性而引导人要在趋向“诚”的过程中（即“诚之”“思诚”）实现本性的具足，人在追求“诚”的精进途程之中也随时随地依据善良的本性显现出符合伦理道德的行为，最终为成己成物、内圣外王的终极理想奠定主体一端的基础。经过这样的理论建构之后，中国人所信仰的天道（实然的客观之理）与积极投身的人事（应然的价值准则）实现了看似完美的合一，这也就是传统“诚”观念所涵括的要义。

第一节　传统“诚”思想的历史意义

综合前面几个章节的论述，我们可以发现“诚”不仅体现在古圣先哲的智慧话语之中，还生动地表现为丰富多彩的具体实践。中国“诚”思想的主要内涵主要体现在以下四个方面：

首先，个体的“诚”——“诚”是个人道德修养的内在心理根基。它要求人们为人处事之时要秉承一颗真诚信实的心灵，待人以诚；要重视自己的承诺，言行一致；信实的同时还要学会分辨是非，坚守道义，使诚信走在正确的轨道之上；要贵在自觉，“诚”更是一种内在的功夫，不要欺骗别人，更不要自我欺骗。总之，人无诚则难立。

其次，社会的“诚”——“诚”是人伦关系的润滑剂。人生在世，无不处于一个巨大的关系网中，从家庭到社会，从个人到集体，各种关系的和谐运行都需要“诚”的范导作用：家庭内部需要诚信，不诚则离，诚则家和万事兴；朋友之间需要坦诚相待，言而有信，否则就不会有基本的信任；集体成员之间需要精诚合作，各司其职，信守本责，坚持正义，否则集体就不会有序地运转；即便是陌生人之间，也应该多一点诚信友爱，少一些虚伪狡诈，否则社会就难以安宁。总之，群不“诚”则不和。

再次，政治的“诚”——“诚”是国家良治的根基。对于统治者来说，“诚”意味着要对自己的民众负责，要用自己的真诚争取人民的拥戴；对百姓的承诺一定要记在心中，各种政令要做到言出必行，不可朝三暮四；赏罚是治理的重要手段，诚信则是赏罚的基本原则，施行赏罚只有做到严明、守信才能起到真正的作用。总之，政无“诚”则不善。

最后，经济的“诚”——“诚”是商人经商的基本原则。商人经商，诚信为上，如果时刻想着缺斤少两，偷工减料，以假乱真，不讲信誉，我们很难想象他们能吸引更多的顾客、能获取更丰厚的利润。长此以往，整个经济秩序就必然会发生混乱，甚至崩溃。总之，商不“诚”则寡利。

总之，“诚”从各个层面形塑了中华民族追求真实、斥责虚妄的优秀品格，涵养了中国文化强调德性、轻视功利的重要特征。笔者认为，传统“诚”观念对于民族精神的最大影响就在于养成一种“和平”的精神。法国天主教传教士古伯察（1813—1860）曾经指出：“中国人完全沉溺于世俗的兴趣之中，沉浸在感性的生活中，因此他们的生活完全是唯物质主义的。中国人的视线完全固着于利益之上，获得大小利益的热望吸引了他们的全部能量，热切追求富和物的快乐而无暇他顾。神、灵、来世，他们完全不信，甚至从不考虑这些。虽然有时他们也看道德书、宗教书，但那只不过是为了打发时间，是与抽烟喝茶同样的。”[1]他据此得出结论说，中国人没有宗教感情，生活中无甚深沉之爱，没有来世观念，没有永别之悲痛。无疑，他的观点是极为偏颇的，但是我们也应该承认中国文化中缺少类似于基督教那样全知全

1 / 沙莲香：《中国民族性（一）》，中国人民大学出版社1989年版，第3-4页。

能的上帝、系统的神学观念以及完善的制度仪式。中国人也试图寻求最初的创造者和价值的根源，但由于早期人文主义的兴起以及儒家学说的应运而生，原初的至上人格神观念被搁置一旁，代之以现实情怀浓厚的人文宗教体系。在“天人合一”的思想倾向之下，西方文化那种依靠超越的外部力量来映衬人间的种种缺陷、鞭策人们向上努力的路径就显得不合时宜。于是，中国人的宗教精神更多的是向内寻求，这正是所谓的“内在超越”。现代新儒家主张“返本开新”，所谓“返本”也就是重新高扬为传统儒家所强调的道德主体性，或云“内圣”“内在超越”。在这个超越的过程中，虽有天道在名义上起着主宰的作用，但道德之天、义理之天往往是虚悬的，真正起作用的是人作为主体的能动性与自觉性，而不是等待和依靠上帝的启示。其实不惟儒家的“深造自得”，道家的“得意忘言”以及禅宗的“不立文字”等都是遵循这样一种内在超越的思路。以这种标准来审视儒家“诚”观念我们就会发现，“诚”一方面保留了天道作为超越对象的宗教性因素，并把它定位为人类德性的本源，从而为道德实践建立先验的理论根据；另一方面，“诚”关注的重点并不在于超越对象的神圣性与至上性，而是将目光聚焦在主体的道德实践之上，并通过这种德性的实践来证成宇宙本体和道德良知的真实性和超越性。如此，我们可以说儒家“诚”的形而上学体系通过关注个人的内在自觉，在人的心性基础上实现了道德与宗教、内在与超越的统一，可谓是“内在超越”论最生动的体现。对于这种超越的境界，儒家是用诸如“极高明而道中庸”“诚信生神”之类的语句来形容的。

在这种内在超越的体系之下，人与天地鬼神之间的关系是和平的，对于超越的对象，中国人没有坚定的宗教狂热，有的只是真实的效仿、虔诚的敬畏与神妙的感应。他们希望用自己的真诚去感动崇拜的对象，更希望这种崇拜带给自己的将是一系列的好运气和好结果。即便事实的结果并不尽如人意，儒家也有一套圆满的说辞，他们会把不如意的结果归结到命运的身上，并且告诉人们不要怨天尤人，甚至要在复归真实无妄之天道和人性的道路上“知其不可为而为之”(《论语·宪问》)。如此便巧妙地处理了两对关系：其一，是人与神圣力量（“神”）的关系，这使得深受儒学之影响的中国人在鬼神面前总能保持一种平和的姿态，既不否认神秘力量的存在，又没有把希望完全寄托在它们的身上，如此松散的联结使得人神之间不至于过分紧张而充满压抑，这样也就有利于儒家对于其他宗教的部分吸收，使得不同文化和思想体系之间在总体上保持一种和平的状态。其二，是人与自我之间的关系，“诚”所指引的内在超越归根结底是为了给自身的生存寻求根本的价值依据与安身立命的完美路径，在这个意义上来说，儒学可以被视为道德宗教，即“成德之教”“人文教”“生命的学问”以及“为己之学”，而不仅仅是单纯的世俗伦理教化。人的这种对超越与成德的不懈追求便是对于终极关怀的体认，在这个过程中，个体通过倾注真诚的情感而获得极为高妙的审美体验，这便是孟子所谓的“反身而诚，乐莫大焉”。如此心境，又怎能不是和平宁静的呢？可见，儒家“诚”思想通过内在超越的方式很好地处理了人与神灵、人与自我的关系问题，使得中国人的宗教精神中呈现出了和平、安定、宁静、包容的特色。

这种由“诚”观念而造就的“和平”精神无论对于当代国家、社会的内部关系还是对于外部的国际、民族之间的关系而言都非常重要。从内部而言，人人皆以诚为本，也就是皆以修身为本，虽然不能保证所有人都成为圣人，但作为关系中的个体都有遵守道德、法律和规则[1]的自觉性，即便有部分个体出于种种原因而不能实现德性的完满具足而表现出对某些规范的违背或忽视，有些个体甚至还会逃避、蔑视各种规范，作为由道德人所组成的社会共同体不会坐视不理，他们可以采取一系列的手段使整个国家和社会保持在正义的方向和道路上。这无疑保障了整个群体秩序能够以一种良好的状态运行：国家以诚待民，令行禁止，民心自然如影之随形一样归附；社会以诚为尊而狡诈、虚伪之风止息，群体成员间的猜疑自然能够消除；个体以诚修身，以善应善，能够使本来孤独的心灵得到慰藉和满足。从外部来说，建立以“诚”为本的公民教化体系对于文明间的交流与对话更是具有特殊的意义。这是因为儒家的准宗教性色彩并非如基督教、伊斯兰教等一神宗教体系那样具有明显的排他性，儒家所信仰的对象不是超然于世的人格神，而是“道”或者“理”。“道”和

1 / 至于道德、法制和规则如何建立以及其正当、正义与否是另一层面的问题，这里默认它们都是有理性的人基于一定的契约、遵循某种程序而创造的正当的、正义的规范。

“理”可能会随着时代的变革而发生改变，但“诚”的情感和精神则是不变的。“诚”归根结底出于仁爱，仁爱虽有差等，但儒家更讲万物一体之仁。虽然“每个民族都最容易满足于他们自己的东西，而且认为自己优于其他任何一个民族”[1]，但以“诚”为核心的公民教化内容则秉承儒家这种对于正道、道理、道义的真诚精神，以仁爱为己任，摒弃文化上的自大与自负，尊重世界上的其他文明，在与不同文明系统进行交往的过程中以诚待之，追求建立和平的世界关系。基于此，中华文明在与其他不同文明特别是不同宗教文明进行交往的时候便基本上不会主动挑起宗教信仰上的争端，华夏民族对于异质文化的总体态度也是非常平和的。所以，一些学者所提出的以“内在超越”为特征的中国传统哲学应该吸收并融合以“外在超越”为特征的西方宗教和哲学、从而使中国传统哲学进一步自我完善的主张在学理上是很有可能实现的。

不过，不容忽视的问题是，一种文明以真诚的姿态去尊重其他文明并不一定就能获得同等的尊重，有时敌视是根深蒂固的，不同宗教信仰体系之间甚至存在着难以调和的矛盾。其实，这并非说明了“诚”的无效，反而凸显了“诚”的意义。那么关键的问题又变成如何才能最大限度地获得对方的以诚相待？在回答这个问题之前，需要申明的是，笔者并非主张什么世界大同，“诚”也不是无原则的。与国家内部的情形类似，在国际交往之中应该遵守基本的国际准则，不能违背起码的

1 /（英）大卫·休谟著，徐晓宏译：《宗教的自然史》，上海人民出版社2003年版，第76页。

人类理性，文明交往之间也应寻找“善”作为价值目标。对于那些反人类、反理性的异化文明体系，应该坚决予以批判和抵制。笔者认为，中华民族在与异质文明进行交往的过程中应该做到以下两点：其一，秉承由“诚”而来的和平、坦然的民族性格，在世界民族之林中展现出与人为善的精神，不敌视、蔑视其他文明，努力去了解它们的历史、文化与现实，尊重其所创造出来的一切文明成果。其二，在文明之间的冲突出现的时候，不应首先以自身的价值标准做评判，要深入了解冲突之所以产生的历史、文化、政治、社会等多层面的原因；在了解客观事实真相的基础之上最大限度地照顾其他文明的感受，尊重他们的选择和习惯；对于出现的一般矛盾有必要向对方阐明自己所持立场和观点的理由；对于那些不可调和的矛盾和分歧，只要不危及自身文明的延续，可以采取一种“无为”的态度，淡然处之，不必强求融通，求同存异未尝不是一种明智的抉择。归根结底，“诚”的功效要建立在彼此间情感交换的基础之上，无论是否能够获得对等的真诚，至少在交往的起点之上，我们应该以诚相待。在这个意义上来说，“诚”无疑是建立普世价值的情感根基之一。

总之，传统“诚”观念中对于天道以及人道的深切思考应该成为现代教育的重要内容：其一，“诚”归根结底是人之情感需求，天道乃为人道所设，最终目的是求“真”；其二，天道虽然可以算作是一种信仰对象，但并非严格的、绝对的宗教信仰，对于它的体认往往伴随着仁、义、礼、智、忠、信、节、义等道德内容的确信，这无疑有利于“善”的养成；其三，传统“诚”学所建构的天人关系场域能够让身处其中的个体寻找到一种宗教式的对待人生的方式，其“天人合一”的主张是中华民族最“美”的精神境界。总之，“诚”有助于真、善、美的养成，它应当成为公民社会建设的核心原则之一。

第二节　传统“诚”思想的现代价值

对于现代社会来说，特别是对于我国当今社会主义公民道德建设、社会主义核心价值观培育而言，传统“诚”思想也会起到积极的作用，“诚”作为中华民族传统美德之一，在当代社会并没有过时。相反，它的重要意义将随着社会的不断发展而日益显现。

谈到“诚”德的现代价值，我们不妨先从现代社会不诚的一面开始，如今造谣诽谤、政绩工程、欺上瞒下、阳奉阴违、表里不一、互相推诿、敷衍塞责、造假售假、坑蒙拐骗等缺乏诚信的行为已经成为我们深恶痛绝的对象。我们可能会问，中国这样一个有着几千年诚信传统的国度为何还会出现这么多不诚的现象？这一方面是因为传统诚信道德更多地依赖于人格自律，强调内在德性而忽视外在规则，与现代社会普遍重视规约的情形有些抵触；另一方面，“改革开放以来，我们一直突出经济建设而相对忽视社会建设，长期依赖传统的社会信任关系和信任结构去处理当前的社会问题，不仅效果不佳，而且迟滞了新型社会信任关系和信任结构的形成”[1]。加之我国至今尚未建立起统一、权威、准确、实时的社会诚信“评价—反馈”系统，诚信失范现象的出现也就不足为奇了。鉴于此种情形，现阶段党和政府非常重视诚信体系建设。党的“十八大”以来，习近平总书记从历史维度、价值维度、实践维度对诚信问题做过深刻论述，内容涉及中华传统文化、党的建设、社会建设、国家形象建设、制度建设等。为了进一步指导全社会的诚信体系建设，2014年1月15日，国务院召开常务会议，部署加快建设社会信用体系、构筑诚实守信的经济社会环境。会议原则通过《社会信用体系建设规划纲要（2014—2020年）》，为全社会的诚信建设指明了方向和路径。

人无“诚”不立，国无“信”不昌。党和政府之所以要大力加强社会的诚信建设，看重的正是“诚”对于整个国家、整个社会的深远意义。归纳起来，传统“诚”观念的现代意义体现为以下四个方面：

第一，“诚”是现代社会道德建设的重要内容。虽然现代社会与古代社会相比，已经发生了巨大的变化，但是其间也有共同性、共通性的伦理存在。特别是“诚”，作为一种要求人们诚实守信、言行一致、尽职尽责的伦理规范，永远不会过时。孙中山曾提倡中国人应该继承祖先好的道德传统，其中就有诚信。他说：“讲到中国固有的道德，中国人至今不能忘记的，首是忠孝，次是仁爱，其次是信义，其次是和平。这

1 / 秦田主编：《社会主义核心价值体系实施纲要学习问答》，东方出版社2012年版，第123页。

些旧道德，中国人至今还是常讲的。但是现在受外来民族的压迫，侵入了新文化。那些新文化的势力，此刻横行中国，一般醉心新文化的人，便排斥旧道德，以为有了新文化，便可以不要旧道德。不知道我们固有的东西，如果是好的，当然是要保存，不好的才可以放弃。”[1]中国共产党也一直重视吸收中国古代伦理道德中的有益成分，以此来加强社会主义思想道德建设。党的“十六大”报告在阐述加强思想道德建设时提出，要“弘扬爱国主义精神，以为人民服务为核心，以集体主义为原则，以诚实守信为重点，加强社会公德、职业道德和家庭美德教育”。党的“十八大”报告指出，一些领域存在道德失范、诚信缺失现象，并提出要教育引导党员、干部模范做诚信风尚的引领者，将治理道德失范、诚信缺失列入今后重要任务之一。习近平同志在“十九大”报告中指出，要培育和践行社会主义核心价值观，而“诚信”成为社会主义核心价值观的重要内容之一。此外，党的“十九大”报告还提出，要“推进诚信建设和志愿服务制度化，强化社会责任意识、规则意识、奉献意识”。可见，诚信已经成为现代公民道德建设、社会主义核心价值观培育的重要内容，这是对我国当前精神文明建设和思想道德建设的一个重要指引，是针对公民道德建设的实际情况和问题而得出的一个有针对性的策略。

通过分析传统“诚”观念的内涵可以发现，“诚”既是一种独立的道德准则，又是保证其他德目可以顺利践行的总原则。“诚”是一种生存

1 / 孙中山:《三民主义》，岳麓书社2000年版，第58页。

的态度，是一种做事情的情态，它对于真实无妄之境界的追求足以使其成为众德之德。古人以“诚”立身，培养的是一种道德的自觉，造就的是一种借由内圣而外王的理想人格。我们今天依然提倡“诚”德，看重的正是它在社会道德践行层面所能起到的重要作用。如果社会成员能够以真诚的态度去遵守各种道德规范，那么公民道德建设就必然会落到实处；反之，如果不能做到以“诚”为本，那么道德建设就只能沦为空谈。在当前，我国出现的各个层面、不同内容的道德失范现象，归根到底，都是同失去了“诚”这一基本道德原则有密切关联。因此，要改变各种道德失范的现象，就必须从加强“诚”德建设入手，鼓励全体社会成员说老实话、办老实事，不弄虚作假，不隐瞒欺骗，不自欺欺人，表里如一，讲信用、守诺言，只有这样才能营造团结和谐、积极向上的社会环境。

第二，“诚”是现代民主政治的重要保障。在古代社会，为政以诚是一种政治共识。诚信能够成就王政德业，不诚信就会带来衰败灭亡。政治之“诚”既关乎国内君主与臣民之间能否良性互动，又涉及国与国之间能否和平相处。例如，周幽王为了讨褒姒欢心，置国家大事于不顾，不真诚守信，最终失信于各路诸侯，落得个国破家亡、身败名裂的下场。古人认为，君主和天帝之间的关系就像儿子与父母一样，与百姓之间则是舟与水的关系，一方以诚相待，换来的是对方的感动与支持。唐中宗、玄宗时的朝臣吴兢在《贞观政要》中借歌颂唐太宗时代的德政，告诫后世君王要择善从之，以确保其长治久安。书中专辟《诚信》一篇，将诚信作为贞观时期治国理政的重要原则加以详细的说明，这突出了“诚”观念在传统政治生活中的重要作用。古人还重视法治，而法令若要推行首先要解决的问题是如何取信于民，商鞅“立木取信”的做法使百姓确信新法是可信的，统治者推行新法的举措也是真诚的，于是法令就得以顺利推行。此外，古代国与国之间经常歃血为盟，订立誓约，“盟”和“誓”都具有借助神灵约束立盟立誓者行为、要求双方或一方真诚遵守诺言的功能，以达成双方各自的政治目的，维护自身的统治。

当然，现代政治与古代政治相比，已经发生了巨大的变化。我国已经是社会主义国家，人民民主是社会主义的生命，发展社会主义民主政治是党始终不渝的奋斗目标。社会主义民主的核心是以人为本，是全心全意为人民服务，它和历史上的重民思想有根本上的不同。党同人民群众之间的领导与被领导的关系，完全不同于君主专制社会中君主与臣民之间那种统治与被统治的关系。虽然这些重大的变化使“诚”的具体内容发生了改变，但“真诚相待”“诚以动人”的政治智慧并没有过时，且仍然具有很强的现实意义。现代民主之“民”指的是能够当家作主的人民，全心全意为人民服务就意味着领导干部首先要自觉地、真诚地做人民的公仆，坚决克服旧社会遗留下来的官本位思想，反对工作中的官僚主义、形式主义、命令主义，自重、自省、自警、自励，一切以人民的利益为根本的出发点，令出必行，重信守诺，让中央的每一项惠民政策都落到实处。只有这样才能密切干群关系，提高党和政府的公信力，为中国特色的社会主义民主政治大厦添砖加瓦。

此外，社会主义法制是在打碎旧的国家机器、废除旧的法制体系的基础上建立的，代表了社会主义国家全体人民的最大利益和意志。它包括立法、执法、守法三个方面，要求做到“有法可依，有法必依，执法必严，违法必究”，这也体现了法治中的诚信原则。可以说，做不到诚信，社会主义的民主与法制就根本得不到保障。

第三，“诚”是维护市场经济秩序的基石。在中国传统“诚”观念的内涵中，商业诚信是很重要的一个方面。中国文化提倡重义轻利，在中国几千年的商业发展史中，讲仁义、讲诚信、货真价实、童叟无欺等成为大部分商人的经商原则。在他们看来，只有讲求诚信的商德，才能把生意做稳、做大、做长，否则只能导致信誉丧失，买卖做绝，也就谈不上有利可图了。正所谓“非诚贾不得食于贾”，贾而能诚，才是好的商人。中国古代形成了许多著名的商帮，商帮是古代的商业集团，比单个经商具有更大的活动能量，它以乡土性、宗族性的纽带把大小商人结合在一起，常常建立起一种为商帮内部成员所共同遵守的商业伦理。我们发现，在不同商帮的经营信条中，“诚”都是一条至关重要的经商原则。例如，晋商以关羽“敦信义”“崇信行”的精神为标杆，奉行讲信誉、重然诺、不欺不诈之伦理，创造了一个个的商业神话。又如，徽商“贾而好儒”，追求“以诚待人”“以信接物”和“以义为利”，明中叶后，和晋商一道成为全国南北对峙的两大商业势力。总之，在商业领域有所成就的商人们都能够重义轻利，追求信誉，诚实经商，童叟无欺，货真价实，讲究质量。归结到一点，那就是他们都非常重视“诚”的力量，宁可失去眼前的利益，也不能损害长久的信誉。

当今中国已经进入市场经济时代，与古代商业相比，无论从形态和规模上都发生了翻天覆地的变化。但无论再怎样变革，经济活动总会涉及生产、分配、交换、消费等环节，都会存在买卖双方这对经营活动的主体。事实证明，在市场经济中，一旦买卖双方有任何一方背离了诚实守信的原则，或者经济活动中的任何一个环节出现了弄虚作假的情况，那么整个经济活动的良性运转就会受到影响。因此，经济水平可以日新月异地发展，但在经营中对“诚”的重视不能改变。市场经济是交换经济、竞争经济，又是一种契约经济，如何保证契约双方按照约定履行自己的义务，是维护市场经济秩序的关键。我们知道，法律可以起到这种作用，市场经济是法治经济，用法律的手段能够维护市场的秩序。但是，法律不是万能的，有些领域法律是无法做出具体规定的。并且，即便是有法律可循，市场经济的主体也可能会千方百计地钻法律的空子，以逃避法律的规约。在这种情形之下，以“诚”为主的道德力量就显得特别可贵。市场经济的健康运行，不能只靠对违法者的惩处，更重要的是，只有大多数参与竞争的主体能够建立起遵守契约和法律的诚信意识，市场经济的秩序才会得到根本的保障。如果没有道德规范，没有荣辱观念，都信奉自私自利、损人利己的价值观念，人们就只会想方设法以各种手段获取私利，市场经济的正常秩序是根本无法建立起来的。可以说，诚信不是空洞的概念，既是资本、财富，也是竞争力，正如马克斯·韦伯在《新教伦理与资本主义精神》一书中讲到的那样，信用本身就是金钱。市场经济的主体参与经济活动，其目的归根结底是为了获取利润。一心赚钱、牟利并不意味着就可以背信弃义；相反，他们要遵守商人的道德规范，因为只有这样才能赢得市场，争取顾客，以便继续获得更大利益。可以说，信用是市场经济的“基石”。

当今世界已经进入经济全球化时代，特别是在我国加入 WTO 之后，能否在经济贸易中做到诚实守信，将直接影响到国家和人民在世界上的声誉与形象。在没有人愿意和诚信道德低下、缺乏信任感的对手打交道，也不会愿意把资金投入一个社会诚信危机严重的国家的情形之下，“诚”的意义已经超出了国界，而变得更为重要。2014 年 6 月，在“和平共处五项原则”发表 60 周年纪念大会上，习近平总书记引用《庄子·人间世》“凡交，近则必相靡以信，远则必忠之以言”，庄严宣告中国坚持按照“亲、诚、惠、容”的理念，深化同周边国家的互利合作，努力使自身发展更好惠及周边国家。

总之，传统“诚”观念在当今中国社会、政治、经济等层面仍会起到非常重要的作用。可以说，社会无“诚”不立，政治无“诚”不固，经济无“诚”不兴。

第三节　传统"诚"思想的继承和发扬

在中国传统思想文化中，"诚"的力量是巨大的，它能够为身处日常生活的个体指引一条向上的提升、超越之路。它暗含一种德性的信仰，相信良善的本心本性能够具足于吾身，只要精诚地追求之、践行之，就能成就一个充满德性光辉的完美人格。从小处说"诚"可以赢得他人的尊重与信任，从大处说"诚"则能够与天为一、感天动地。但生活毕竟是生活，它的最大特性就是现实而非理想，"诚"的主体也只能是现实生活中的活生生的个体。人可以追求成圣，但他首先是要从常人做起。常人就免不了七情六欲，免不了意气之争，免不了个人偏见的误导。即便是对于理性的个体而言，他们在思考价值标准、建立道德规范的时候也可能出于不同的考量而得出彼此矛盾、冲突的结论。所以，个体需要选择"诚"，以它为标准节制自己的欲望，中和自己的性情，照顾他人的利益。以"诚"易"诚"当然值得肯定，但生活的丰富多样不会轻易造就一个个没有私心、完全真诚的个体，所以"诚"至少不会那么容易就解决一切纷争、敌视和矛盾。如果再有一些矫饰精诚、表里不一的个体出现，情况就会变得更加复杂了。于是，有人就可能会说，"诚"只是一厢情愿罢了，是迂腐冬烘的儒生们为自己画地为牢，以为仅仅依靠无法证明其实存性的本心本性就能救治世道人心。儒生们会怎么回应？也许他们不屑于回应，因为在他们看来，理想虽然高远，但总也聊胜于无，总比如行尸走肉般的浑浑噩噩要让人心安许多。所以，中国人可以不虔诚于某一种宗教体系，但却不能丢却理想和信仰。

"诚"的精神在当今世界仍然不可或缺。它的作用方式也许难以摆脱宗教性、信仰性的路径，但这种宗教形式不应是神秘主义的。并且，"诚"不应再是无知的痴信，而是对于真理的真实、真诚信仰，对于虚伪不实的厌恶和弃绝。真理未必就是一个像上帝一样的对象化的存在，它其实就是宇宙万物、人文世界的客观真理与正义道理。天会变，道理也会变，所以对于真理的追寻不是一劳永逸的暂时性行为，而是一个永不止息的探索过程。但这并意味着真理就是各说各话，也不意味着人人都有把持真理定义权的能力。真理必须不能是反人类的；相反，它本质上就是维持人类延续与发展的根本之道。如果借用儒家"诚"观念的架构进行说明的话，真理应该分为两个层次——天的真理（天道）与人的真理（人道）。从目前来看，天道当以符合论为标准，它最终依靠的是人的理性认识能力的提升。对于作为自然和宇宙代名词的"天"，我们应当尽力去认清它的本来面目，没必要去神化，也没必要非得价值化。对现代人来说，试图以某一种抽象性的本质来规定、引导和衡量现实人生的做法很可能流于对人性的扭曲。人首先是作为具体性而存在的，人类的道德价值也不是与生俱来的，处在不同时空环境之中的某一特定人类群体都有可能在其生产实践和生活实践活动中创造出属于他们自身的道德规范。但"诚"的精神是必需的，现代化发展的历史已经告诫人们，对于天的轻蔑和无视会危及人类自身存活的质量。可以说，对天不“诚”就难以踏上正义的“人道”。所以，现代公民教化内容应当包括“诚”天之教，有天才有人，但道最终又是人才能行走其上，只有人才能开显出存在的生动内容，只有人才能创造历史、现在与将来。人是“此在”，“此在”意味着他永远处在道路之中，他是流动的而非静止的，死亡也不能抹杀他的“在途性”。人类从诞生于这个星球之上开始就不会停止对于正道的寻找，有正道也就意味着有歪道、邪道，它们也是人之所行之道，但绝不是当行之“人道”。为了寻找这个“人道”，公民教化体系还要探索一种“诚”人之教，“诚”首先是一种情感，儒家最本源的情感就是仁爱，“诚”的目的就是使仁爱的情感真实呈现，儒家相信有了仁爱人类至少不会走向邪恶与迷失，就更接近正义之道。无论人的本性是善还是恶，以“诚”为核心的公民教化本质上就是仁爱之教。人要爱人，而不是对他人怀疑、敌视和仇恨，爱是最坚实的保持人处在正道之中的正义力量。人当然还可以爱鬼神，虔诚地信仰至上人格，但它们越是神通广大，就离人事越远。宗教毕竟是人类为实现自身的超越提升而构造出来的上通之路，上通于天帝鬼神是崇高的境界，没有人能够证明他能够达到。因此，这种通达之道只是一条隐没在迷雾之中的小路，如果非要走上去的话无非就有两种可能：要么迷失于虚幻之中，要么能够找到世外桃源，这些都是未知的事情。这条路看似超妙高远，其实更多的是靠信仰和想象实现的。人相信自己依靠足够的虔诚就能走上这样一条比凡俗之道不知要高明多少倍的坦途，但是他却忘记了，自己毕竟不可能双脚离地而游世独存。人毕竟是生活在大地上的，宗教看似超越，其实也不可能超脱于教徒眼中的“俗世”，所以教徒之心大多是悲情的，悲悯地看待宇宙人生，希望拯救“受苦受难”的“此在”世人。以“诚”观念为核心原则的公民教化工程则要脚踏实地，虽然信仰不可或缺，但最可信的不是天道鬼神、万方精灵，而是人类自身的力量。人类最终要靠自己来拯救，这种拯救不必是脱离于世的罪罚福报，而应是对于自身现实问题的当下解决。“诚”人之教就是成人之教，就是使人朝着真、善、美的价值方向维系、提升、完成自我之意义的过程。这个过程也就是传统文化对于现代社会所能以及所应该显现的最大价值。

具体来说，在当今社会主义公民道德建设的实践中，笔者认为应该从以下四个方面继承和发扬传统“诚”思想：

首先，要挖掘传统文化中的“诚”思想资源，厘清中华民族的诚信传统，结合时代发展之要求，建构一套完整、高效、系统的诚信教育体系。“十九大”报告指出，要“培育和践行社会主义核心价值观，不断增强意识形态领域主导权和话语权，推动中华优秀传统文化创造性转化、创新性发展”。源远流长、博大精深的中华优秀传统文化是社会主义核心价值观的深厚源泉，培育和践行社会主义核心价值观，就要从中华优秀传统文化中充分汲取思想道德营养，结合时代要求加以延伸阐发，既使中华民族最基本的文化基因与当代文化相适应、与现代社会相协调，又让社会主义核心价值体系之树深深植根于中华优秀传统文化沃土。上文中我们已经简单梳理了中国历史文化中“诚”思想的资源，可见中华民族有着守诚信、崇正义的优良传统，因此，广泛开展传统诚信思想的宣传普及活动无疑有利于当今诚信体系的建构。但是，有了优秀的思想资源还不够，相关部门还应该摸索普及、宣传诚信规范的有效形式。例如，一些地方举办经典诵读、道德论坛、文化讲堂等活动，利用各种展板、书籍以及网络进行宣传，都是弘扬传统诚信精神的好形式、好载体。

其次，对“诚”的践行应是具体的，必须坚持由易到难、由近及远，动员人们从身边小事做起、从一点一滴做起。我们倡导“诚”观念，绝不仅仅限于空洞的、宏大的口号，而是植根于人民群众真实、鲜活的日常工作和生活中，体现于普通百姓的一言一行。只有人民群众深知诚信之重要，只有他们明确践行诚信之路径，诚信之花才会永久绽放。因此，我们不能忽视人民群众中涌现出来的很多诚信模范，正是这些名不见经传的“小人物”，用自己简单朴实的行动默默践行着“诚”的精神，用自己的言行生动诠释了“诚”的真谛和要义。同时，他们的诚信行为本身也具有巨大的带动作用，更容易让普通百姓接受和效仿，引导人们在潜移默化中积少成多，由刻意为之到自觉践行，由此带动社会公德、职业道德、家庭美德以及个人品德的养成。在诚信美德的培养过程中，要特别重视加强对于青少年的诚信教育。青年的价值取向决定了未来整个社会的价值取向，而青年又处在价值观形成和确立的时期，广大青年要从现在做起，从自己做起，勤学、修德、明辨、笃实，使以“诚信”为重要内容的社会主义核心价值观成为自己的基本遵循，并身体力行大力将其推广到全社会去，努力在实现中国梦的伟大实践中创造自己的精彩人生。

再次，党员干部和政府公职人员要带头贯彻“诚”的精神。在传统文化视野中，能够在为人处世方面达到“诚”的境界是不容易的，古人所希望的也是先通过圣人、君子的模范作用，进而带动整个社会诚信风气的养成。在当代中国，党是一个先锋队，党要始终成为时代先锋、民族脊梁，始终成为执政党，自身必须始终过硬。党风能够促政风、带民风，只有党员干部在诚实守信上作出表率、见诸行动，由此自上而下、以上率下，才能带动整个社会诚信体系的建设。当前在诚信教育方面，重中之重是要坚决克服旧社会遗留下来的官本位思想，反对工作中的官僚主义、形式主义、命令主义，自重、自省、自警、自励，一切以人民的利益为根本的出发点。这就要求党员干部要率先垂范，自觉将诚信作为一种品格、一种责任贯穿于全心全意为人民服务的活动当中去，主动兑现政务承诺，增强政府与民众之间的互信度，为整个社会诚信风气的形成做好表率作用。“诚”还意味着己所不欲，勿施于人。领导干部要求群众做到的自己首先做到，要求群众不做的自己坚决不做，要教育好自己的配偶和子女，管好身边的工作人员，自觉接受党组织和群众的监督，用良好的道德形象取信于民，带动广大群众进一步做好工作。

最后，政府部门应该颁行相关法律和规约，为培育和践行“诚”精神提供制度保障。对比西方的伦理道德传统，我们会发现，中国传统“诚”伦理有着深厚的入世情怀，提倡人们在现实生活中通过积极的道德实践来实现人生的价值，获得生存的乐趣。但与此同时，它又缺少像基督教虔诚伦理所具备的精密体系，特别是缺乏一个可以对个体由于过度自律而引发的无所顾忌的行为施以强有力影响的超越力量。所以，中国人似乎什么都不怕，什么都敢做，甚至是无所顾忌，因为不需要对什么绝对的权威负责，也没有身边具有同样信仰的弟兄们的督促。一旦外在的权力制约松散之后，单靠内心的觉悟保障的个体道德修养和社会秩序维持就如同驾驭脱缰的野马，很难有切实的效果。于是，如今出现信仰危机、诚信缺失、道德滑坡与精神空虚的情形也就是意料之中的事情。诚然，利用宗教情感的心理机制或许能够促进传统道德的纯正性、内在化与坚定化，从而使得道德建设更有成效。但是，因为中国人缺乏对神圣力量的畏惧就要创造出一个具有极高位格的至上神来似乎也不太现实。既然我们缺少外在的强制力和助推力，那么在“诚”精神践行的过程中我们就应该制定相关的法律和规约，用有效的制度机制来规范人们的行为，使符合“诚”的行为受到鼓励，使背信弃义的现象受到惩处。同时，还要加大对诚信典型和模范的关心和帮助，不仅要给予舆论上的推崇和道义上的支持，还应当给予物质上的激励和生活上的关心，推动形成好人好报、善有善报的正向激励机制，促成诚信光荣、背信可耻的社会氛围，只有这样才能确保"诚"精神践行过程中的足够强制力以及强大助推力。

历史车轮滚滚向前，时代潮流浩浩荡荡。中国历史和文明经历了几千年的发展，已经走到了一个充满朝气和活力的新时代。在中华文明史长久的积淀中，丰富的哲学思想、人文精神、教化思想和道德理念等可以为当代中国人认识和改造世界提供有益启迪，可以为治国理政提供有益启示，也可以为道德建设提供有益启发。习近平总书记于2013年11月26日在山东考察时曾发表重要讲话，他指出："国无德不兴，人无德不立。必须加强全社会的思想道德建设，激发人们形成善良的道德意愿、道德情感，培育正确的道德判断和道德责任，提高道德实践能力尤其是自觉践行能力，引导人们向往和追求讲道德、尊道德、守道德的生活，形成向上的力量、向善的力量。只要中华民族一代接着一代追求美好崇高的道德境界，我们的民族就永远充满希望。"[1] 当今中国公民和社会道德方面仍然存在着不少问题，特别是以诚信为代表的社会主义核心价值观的缺失，给整个国家和社会带来了消极影响。缺少公德、不守契约的行为时有发生，以权谋私、腐化堕落现象十分严重，不讲信用、背信弃义成为社会公害，见利忘义、损公肥私阻碍经济发展。这些问题要想得到及时有效解决，就必须在全社会继承和弘扬传统"诚"思想的精华，倡导以"诚"为主的道德精神，加

1 /《习近平论社会主义核心价值观——十八大以来重要论述选编》，http://news.xinhuanet.com/politics/ 2014-03/26/c_126318353.htm.

强“诚”文化建设，让真实无妄、诚实守信成为全社会共同的价值追求和行为准则，用“诚”去匡正个人道德，用“诚”去改变腐败现象，用“诚”去建构社会和谐，用“诚”去维护经济秩序。一句话，没有“诚”，万事不成。

参考文献

一、著作类

[1] 李学勤主编．十三经注疏（整理本）[M]．北京：北京大学出版社，2000.

[2]（春秋）孙武等著，骈宇骞等译注．武经七书 [M]．北京：中华书局，2007.

[3]（汉）司马迁撰．史记 [M]．北京：中华书局，2006.

[4]（汉）班固著．汉书 [M]．北京：中华书局，2007.

[5]（汉）许慎撰，（清）段玉裁注．说文解字注 [M]．上海：上海古籍出版社，1988.

[6]（西晋）陈寿撰．三国志 [M]．郑州：中州古籍出版社，1996.

[7]（唐）武则天著．臣轨 [M]．宛委别藏本．

[8]（唐）吴兢编著，王贵标点．贞观政要 [M]．长沙：岳麓书社，2000.

[9]（唐）韩愈著，马其昶校注．韩昌黎文集校注 [M]．上海：上海古籍出版社，1998.

[10] （唐）李翱著．李文公集 [M]. 四部丛刊本．

[11] （五代）刘昫等撰．旧唐书 [M]. 北京：中华书局，1975.

[12] （宋）欧阳修等撰．新唐书 [M]. 北京：中华书局，1975.

[13] （宋）周敦颐著，陈克明点校．周敦颐集 [M]. 北京：中华书局，1990.

[14] （宋）张载著，章锡琛点校．张载集 [M]. 北京：中华书局，1978.

[15] （宋）程颢、程颐著，王孝鱼点校．二程集 [M]. 北京：中华书局，1981.

[16] （宋）朱熹撰，陈戍国标点．四书集注 [M]. 长沙：岳麓书社，2004.

[17] （宋）黎靖德编，王星贤点校．朱子语类 [M]. 北京：中华书局，1986.

[18] （宋）朱熹著，朱杰人等主编．朱子全书 [M]. 上海：上海古籍出版社、合肥：安徽教育出版社，2002.

[19] （宋）陆九渊著，钟哲点校．陆九渊集 [M]. 北京：中华书局，1980.

[20] （宋）叶适著，刘公纯等点校．叶适集 [M]. 北京：中华书局，1961.

[21] （宋）卫湜撰，杨少涵校理．中庸集说 [M]. 桂林：漓江出版社，2011.

[22] （明）王阳明撰，吴光等编校．王阳明全集 [M]. 上海：上海

古籍出版社，1992.

[23] （明）王夫之著．船山全书 [M]. 长沙：岳麓书社，1992.

[24] （清）陈立撰，吴则虞点校．白虎通疏证 [M]. 北京：中华书局，1994.

[25] （清）王先慎撰，钟哲点校．韩非子集解 [M]. 北京：中华书局，1998.

[26] 孙中山．三民主义 [M]. 长沙：岳麓书社，2000.

[27] 陈鼓应．老子今注今译 [M]. 北京：商务印书馆，2003.

[28] 陈鼓应，赵建伟注译．周易今注今译 [M]. 北京:商务印书馆，2005.

[29] 陈鼓应．庄子今注今译 [M]. 北京：商务印书馆，2007.

[30] 程俊英．诗经译注 [M]. 上海：上海古籍出版社，1985.

[31] 程翔译注．说苑译注 [M]. 北京：北京大学出版社，2009.

[32] 方勇，李波译注．荀子 [M]. 北京：中华书局，2011.

[33] 高亨．商君书注译 [M]. 北京：清华大学出版社，2004.

[34] 黄怀信．逸周书校补注译（修订本）[M]. 西安：三秦出版社，2006.

[35] 黄晖．论衡校释 [M]. 北京：中华书局，1990.

[36] 李民，王健．尚书译注 [M]. 上海：上海古籍出版社，2004.

[37] 李明军，高宏存．不熄的离火：中国文化的面貌与精神 [M]. 北京：中国水利水电出版社，2006.

[38] 李修生、朱安群主编．四书五经辞典 [M]. 北京：中国文联

出版公司，1998.
[39] 刘康德 . 淮南子直解 [M]. 上海：复旦大学出版社，2001.
[40] 卢元骏注译 . 说苑今注今译 [M]. 天津：天津古籍出版社，1977.
[41] 汪继培笺，彭铎校正 . 潜夫论笺校正 [M]. 北京：中华书局，1985.
[42] 王利器 . 文子疏义 [M]. 北京：中华书局，2000.
[43] 王利器 . 新语校注 [M]. 北京：中华书局，1986.
[44] 王利器 . 盐铁论校注 [M]. 北京：中华书局，1992.
[45] 邬国义等 . 国语译注 [M]. 上海：上海古籍出版社，2017.
[46] 吴毓江撰，孙啟治点校 . 墨子校注 [M]. 北京：中华书局，1993.
[47] 阎振益、钟夏校注 . 新书校注 [M]. 北京：中华书局，2000.
[48] 杨伯峻 . 论语译注 [M]. 北京：中华书局，1980.
[49] 杨伯峻 . 孟子译注 [M]. 北京：中华书局，1962.
[50] 杨伯峻 . 春秋左传注 [M]. 北京：中华书局，1990.
[51] 杨天宇译注 . 礼记译注 [M]. 上海：上海古籍出版社，2004.
[52] 曾振宇，傅永聚 . 春秋繁露新注 [M]. 北京：商务印书馆，2010.
[53] 张双棣等注译 . 吕氏春秋译注 [M]. 北京：北京大学出版社，2000.
[54] 赵仲邑注 . 新序详注 [M]. 北京：中华书局，1997.

[55] 《安徽文化史》编委会编．安徽文化史（中）[M]．南京：南京大学出版社，2000.
[56] 鲍鹏山．孔子传 [M]．北京：中国青年出版社，2012.
[57] 陈侃理．儒学、数术与政治：灾异的政治文化史 [M]．北京：北京大学出版社，2015.
[58] 陈来．古代宗教与伦理——儒家思想的根源 [M]．北京：生活·读书·新知三联书店，2009.
[59] 陈梦家．殷虚卜辞综述 [M]．北京：中华书局，1988.
[60] 陈瑛、许启贤主编．中国伦理大辞典 [M]．沈阳：辽宁人民出版社，1989.
[61] 董平．传奇王阳明 [M]．北京：商务印书馆，2010.
[62] 方克立主编．中国哲学大辞典 [M]．北京：中国社会科学出版社，1994.
[63] 冯契主编．哲学大辞典 [M]．上海：上海辞书出版社，2007.
[64] 傅礼白．中华伦理范畴·信 [M]．北京:中国社会科学出版社，2006.
[65] 傅杰编．章太炎学术史论集 [M]．北京:中国社会科学出版社，1997.
[66] 谷衍奎编．汉字源流字典 [M]．北京：华夏出版社，2003.
[67] 侯外庐主编．中国思想通史（第一卷）[M]．北京：人民出版社，1957.
[68] 黄朴民．天人合一——董仲舒与两汉儒学思潮研究 [M]．长

沙：岳麓书社，2013.

[69] 胡发贵编著．中华传统美德丛书·诚信卷 [M]. 南京：南京大学出版社，2008.

[70] 康志杰，胡军．诚信——传统意义与现代价值 [M]. 北京：中国社会科学出版社，2004.

[71] 孔范今等主编．孔子文化大典 [M]. 北京：中国书店，1994.

[72] 李国经主编．周村商埠文化与鲁商文化研究 [M]. 济南：山东人民出版社，2010.

[73] 李景林．教养的本原：哲学突破期的儒家心性论 [M]. 北京：北京师范大学出版社，2009.

[74] 李圃主编．古文字诂林 [M]. 上海：上海教育出版社，2000.

[75] 李鑫生主编．鲁商文化与中国商帮文化 [M]. 济南：山东人民出版社，2010.

[76] 廖名春．《荀子》新探 [M]. 北京：中国人民大学出版社，2014.

[77] 刘建生等著．明清晋商制度变迁研究 [M]. 太原：山西人民出版社，2005.

[78] 罗亚蒙等主编．中国历史文化名城大辞典（下）[M]. 北京：人民日报出版社，1998.

[79] 吕静．春秋时期盟誓研究——神灵崇拜下的社会秩序再构建 [M]. 上海：上海古籍出版社，2007.

[80] 苗尔澜，管萍．老济南商埠琐记 [M]. 济南：济南出版社，

2009.

[81] 蒙培元．理学范畴系统 [M]. 北京：人民出版社，1989.

[82] 秦田主编．社会主义核心价值体系实施纲要学习问答 [M]. 北京：东方出版社，2012.

[83] 沙莲香．中国民族性（一）[M]. 北京：中国人民大学出版社，1989.

[84] 涂可国主编．鲁商文化概论 [M]. 济南：山东人民出版社，2010.

[85] 山东省政协文史资料研究委员会，济南市政协文史资料委员会编．济南老字号 [M]. 济南：济南出版社，1990.

[86] 山东省政协文史资料委员会，淄博市周村区政协文史资料委员会编．周村商埠 [M]. 济南：山东人民出版社，1990.

[87] 宋小克．上古神话与文学 [M]. 广州：暨南大学出版社，2013.

[88] 苏士梅．唐代诚信思想研究 [M]. 郑州：河南大学出版社，2012.

[89] 唐善纯．华夏探秘 [M]. 南京：江苏人民出版社，2000.

[90] 唐贤秋．道德的基石：先秦儒家诚信思想论 [M]. 北京：中国社会科学出版社，2004.

[91] 王公山．先秦儒家诚信思想研究 [M]. 上海:上海古籍出版社，2006.

[92] 王美凤，周苏平，田旭东．春秋史与春秋文明 [M]. 上海：

上海科学技术文献出版社，2007.

[93] 魏文华．大儒董仲舒 [M]．石家庄：花山文艺出版社，2009.

[94] 吴承学．中国古代文体形态研究 [M]．广州：中山大学出版社，2000.

[95] 徐畅．鲁商撷英 [M]．济南：山东人民出版社，2010.

[96] 余丽芬．胡雪岩与经营文化 [M]．上海：上海世界图书出版公司，1998.

[97] 《语文新课标必读丛书》编委会编．中国神话故事 [M]．西安：西安交通大学出版社，2013.

[98] 于省吾，姚孝遂．甲骨文字诂林 [M]．北京：中华书局，1999.

[99] 乐黛云等主编．世界诗学大辞典 [M]．沈阳:春风文艺出版社，1993.

[100] 曾振宇主编．儒家故事 [M]．济南：泰山出版社，2012.

[101] 张岱年主编．孔子百科辞典 [M]．上海：上海辞书出版社，2010.

[102] 张岱年．中国古典哲学概念范畴要论 [M]．北京：中国社会科学出版社，1987.

[103] 张海鹏，王廷元编．徽商研究 [M]．北京：人民出版社，2010.

[104] 张华编著．中国人必读的300个智慧故事 [M]．北京：中国言实出版社，2013.

[105] 张荣明．信仰的考古：中国宗教思想史纲要 [M]．天津：南

开大学出版社，2010.

[106] 郑天挺等主编．中国历史大辞典 [M]. 上海：上海辞书出版社，2000.

[107] 中共湖南省委教育工作委员会，湖南省教育厅组编．大学诚信读本 [M]. 长沙：湖南师范大学出版社，2007.

[108] 朱贻庭主编．伦理学大辞典 [M]. 上海：上海辞书出版社，2011.

[109] （英）大卫·休谟著，徐晓宏译．宗教的自然史 [M]. 上海：上海人民出版社，2003.

二、论文类

[1] 蔡树才．荀子对思孟“五行”说批判的再认识 [J]. 周易研究 .2010，（5）.

[2] 蔡四桂．论王夫之的“诚” [J]. 中山大学学报 .1983，（2）.

[3] 陈敏．朱子论诚敬 [J]. 福建师范大学学报（哲学社会科学版）.2001，（2）.

[4] 陈赟．以人道显天道：论《中庸》诚的思想 [J]. 齐鲁学刊 .2008，（1）.

[5] 崔治忠．周敦颐“诚体”思想研究 [J]. 船山学刊 .2012，（1）.

[6] 杜霞．诚：儒家心学的奠基性观念——试论《中庸》“诚”说 [J]. 哈尔滨学院学报 .2003，（12）.

[7] 龚建平，宁新昌．“诚明”之境与“澄明”之境——儒家与

存在主义者两种人生境界之比较 [J]. 渭南师专学报（社会科学版）.1994,（1）.

[8] 龚建平 . 先秦儒家“诚”的内涵、思想渊源及其文化意义——以《中庸》为中心 [J]. 陕西理工学院学报（社会科学版）.2011,（1）.

[9] 梁雁秋，王四达 . 天人合一总归“诚”——透析《中庸》的逻辑结构及其天人思想的承前启后 [J]. 燕山大学学报 (哲学社会科学版).2006,（4）.

[10] 刘光胜 .“儒分为八”与早期儒家分化趋势的生成 [J]. 清华大学学报（哲学社会科学版）.2015,（2）.

[11] 刘光耀 . 诚：基督宗教与儒家的一点比较 [J]. 宗教学研究 .2003,（4）.

[12] 刘乾阳 . 儒家与基督教“诚”伦理之比较 [J]. 伦理学研究 .2015,（3）.

[13] 骆承烈 . 试论“诚”为一切道德的根基 [J]. 济南大学学报（社会科学版）.2012,（4）.

[14] 马育良 . 重读《中庸》——关于性情道诚和中节诸问题的若干思考 [J]. 伦理学研究 .2005,（5）.

[15] 牟钟鉴 . 重建诚的哲学 [J]. 孔子研究 .1991,（2）.

[16] 王家骅 . 中日儒学史上“诚”范畴之比较 [J]. 南开学报（哲学社会科学版）.1992,（6）.

[17] 吴凡明 .《中庸》诚说的理论建构及其致思理路 [J]. 求

索 .2007,(11).

[18] 徐难于 . 试论春秋时期的信观念 [J]. 中国史研究 .1995,(4).

[19] 薛纪恬，周德丰 . 王夫之“诚——实有”范畴的主导涵义 [J]. 齐鲁学刊 .2001,(3).

[20] 杨柱才，杨爱群 . 朱子关于“诚”的义理疏解 [J]. 南昌大学学报 (人文社会科学版).2004,(2).

[21] 乐爱国 .“诚”是朱熹学术体系的最高境界——以《大学章句》、《中庸章句》为中心的讨论 [J]. 江淮论坛 .2014,(6).

[22] 张洪波 .《中庸》之“诚”范畴考辨 [J]. 武汉大学学报 (哲学社会科学版).2007,(4).

[23] 张婉月 .《中庸》“诚”之三“成”[J]. 南都学坛 (人文社会科学学报).2009,(3).

[24] 赵海丽，蔡先金 .“慎独”论之诗学渊源 [J]. 管子学刊 .2007,(2).

[25] 赵妙法 .《中庸》“不诚无物”说新解 [J]. 安徽大学学报 (哲学社会科学版).2005,(6).

[26] 朱汉民 . 王夫之的实有之道 [J]. 哲学与文化 .2001,(7).

[27] 袁立新 .《四书》“诚”析 [D]. 上海：华东师范大学，2005.

[28] 谢瑞娟 . 试论《中庸》的“诚”[D]. 武汉：华中科技大学，2009.

[29] 张景龙 . 论《中庸》“诚”的思想及其特色 [D]. 北京：中央民族大学，2010.

[30] 汤娜.《中庸》“诚”之伦理透视及现代价值 [D]. 重庆：重庆师范大学，2012.

[31] 顾笑笑. 诚在信仰确立中的作用 [D]. 上海：上海大学，2013.

[32] 李旭然. 北宋四子的“诚”论 [D]. 西安：西北大学，2014.